コーチと入試対策！ **8**日間 完成

中学1・2年の総まとめ
英語

0日目	コーチとの出会い	2
1日目	be 動詞・一般動詞	6
2日目	名詞・代名詞・疑問詞など	10
3日目	進行形・未来を表す文	14
4日目	助動詞	18
5日目	不定詞・動名詞	22
6日目	命令文・文構造	26
7日目	比較	30
8日目	受け身・現在完了	34
	巻末特集 語形変化 / 不規則動詞変化表	38
	解答と解説	別冊

◀ この本

・健康に気　　　　　　。
・きれい好き。
・気になることはすぐ調べる。

付録

● 応援日めくり

♪ **音声の確認方法**
各単元の『要点を確認しよう』のすべての英文，『問題を解こう』のリスニング問題に音声がついています。

スマホで聞く　各単元の冒頭にあるQRコードを読み取ってください。

PCで聞く
ダウンロード　https://portal.bunri.jp/coach/appendix.html にアクセス。
または右のQRコードを読み取ってください。　**アクセスコード：CYJH6**

【英作文・リスニング問題イラスト作成】しゅんぷん　QRコードは (株)デンソーウェーブの登録商標です。

ある日の
○△中学校の
写真部部室

バタバタバタ…

たたたたいへんだー

ハァハァ

わっ

なに!?
急に・・・

3年生って...
高校入試
あるじゃん...

部活がたのしすぎて1年生も
2年生も定期テストの前の日
しか勉強してこなかったんだ！
終わったら終わったで見直し
もしないまま遊びに行って
部活ばかり！春休みも冬休
みも部活遊びブカツアソビ
BUKATSUASOBI...
入試なんて...

○○撮影

できないよ～
デキナイヨォ

できないよ～

ちょっ...
ちょっとおちついて

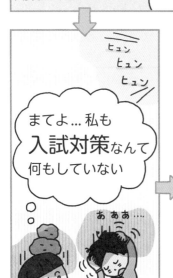

まてよ...私も
入試対策なんて
何もしていない

ヒュン
ヒュン
ヒュン

ああぁ…

ヒュン
ヒュン
ヒュン

アドバイス
できない...
困った...

えっ

ピピーッ!!

スタッ

えっ

コーチと入試対策！
8日間完成
中学1・2年の総まとめ
英語？

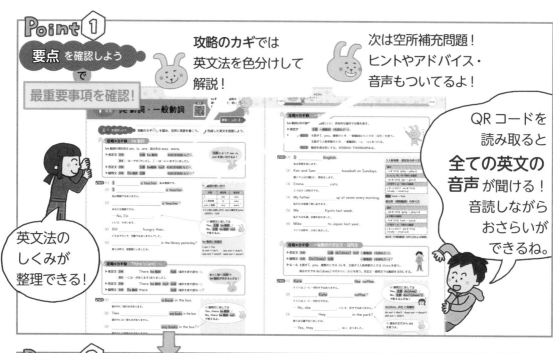

Point ①

要点 を確認しよう で **最重要事項を確認!**

攻略のカギでは英文法を色分けして解説!

次は空所補充問題! ヒントやアドバイス・音声もついてるよ!

QRコードを読み取ると **全ての英文の音声** が聞ける! 音読しながらおさらいができるね。

英文法のしくみが整理できる!

Point ②

問題 を解こう で **実力チェック!**

ゴクリ

時間をはかって100点満点のテストにチャレンジ!

テーマ別に4ページ×8日間! すっきり頭に入っちゃうヨ!

あの〜

Point ③

英文法・リスニング・読解問題の対策も充実!!

全部の単元に入っているんだ!

うれしい

Write Read Listen のマークが目じるしだね!

入試問題によく出る英作文・リスニング・読解問題の対策が不安なんだけど...。

わかる一

ウシ ウシ ウン

Point ④

点数を記録して弱点を発見!

ふりかえりシート もあるよ!

チラリ

なんか... いけそうな気がしてきた!!

ふっふっふっ
ガサゴソ
チッチッチ
驚くのは
まだ早いよ〜〜

Point⑤

応援
日めくり〜〜!

机に飾れる!

今回は
とくべつに

耳に
おいて
みました

毎日はげましてくれるんだ!!

テストもあるよ!

ウラにも
何かある!
おもしろい〜〜!

ウラ面
も
見てね
!!

これですっきり
わかっちゃう!!

あこがれの
高校生活への
第一歩だね☆

おさらい

1日4ページ

1日目〜8日目

要点 を確認しよう

問題 を解こう

巻末には
「語形変化・不規則
動詞変化表」!

その日のうちに
「応援日めくり」
で毎日テスト!

「ふりかえり
シート」
で苦手を把握!

1日目 be 動詞・一般動詞

音声

解答> p.2〜3

 be 動詞と一般動詞の違いを理解して，使い分けよう。

要点を確認しよう　攻略のカギを読み，空所に英語を書こう。完成した英文を音読しよう。

攻略のカギ❶　be 動詞

be 動詞の現在形は am, is, are, 過去形は was, were。

▶肯定文 (語順)　　　主語 be 動詞　名詞[形容詞]など〜.
　　　　 意味 …は〜です[でした]。／…は〜にいます[いました]。

▶否定文 (語順)　　　主語 be 動詞 not 名詞[形容詞]など〜.

▶疑問文 (語順)　Be 動詞 主語　　名詞[形容詞]など〜？

> 主語 によって am, is, are を使い分けるよ！
>

♪A01 (1) I ＿＿＿＿＿＿ a teacher. 私は教師です。

(2) I ＿＿＿＿＿＿ ＿＿＿＿＿ a teacher.

私は教師ではありません。

(3) ＿＿＿＿＿ ＿＿＿＿＿ a teacher?

あなたは教師ですか。

— No, I'm ＿＿＿＿＿.

いいえ，ちがいます。

(4) Bill ＿＿＿＿＿ hungry then.

ビルはそのとき，空腹ではありませんでした。

(5) ＿＿＿＿＿ ＿＿＿＿＿ in the library yesterday?

彼らは昨日，図書館にいましたか。

be 動詞の使い分け

主語	現在形	過去形
I	am	was
3人称単数	is	was
you と複数	are	were

※3人称とは話し手(I, we)と聞き手(you)以外の人・もの

> (3) 疑問文に対しては
> Yes, 主語 be 動詞 . ／
> No, 主語 be 動詞 not .
> で答えるよ。

be 動詞と短縮形

I am = I'm
is not = isn't　　are not = aren't
was not = wasn't　were not = weren't

攻略のカギ❷　There is[are] 〜.

▶肯定文 (語順)　　There be 動詞　名詞 (場所を表す語句〜).
　　　 意味 (〜には)…があります[ありました]。

▶否定文 (語順)　　There be 動詞 not 名詞 (場所を表す語句〜).

▶疑問文 (語順)　Be 動詞 there　　名詞 (場所を表す語句〜)？

> あとに続く 名詞 で，be 動詞 が決まるんだね！
>

♪A02 (1) ＿＿＿＿＿ ＿＿＿＿＿ a book in the box.

箱の中に1冊の本があります。

(2) There ＿＿＿＿＿ ＿＿＿＿＿ any books in the box.

箱の中には1冊も本がありません。

(3) ＿＿＿＿＿ ＿＿＿＿＿ any books in the box?

箱の中には何冊か本がありますか。

> (3) 疑問文に対しては
> Yes, there be 動詞 . ／
> No, there be 動詞 not .
> で答えるよ。
>

攻略のカギ❸ 一般動詞

be 動詞以外の動詞を一般動詞といい，具体的な動作や状態を表す。

▶ **肯定文** （語順）　主語 一般動詞 （名詞など〜）．

▶ **ルール** （現在形）　主語が I，you，複数のとき，一般動詞はもとの形（原形）を使う。

　　　　　　　　　　主語が 3 人称単数のとき，一般動詞に −s，−es をつける。

　　　　　（過去形）　動詞を過去形にする。規則動詞と不規則動詞がある。

♪A03　(1)　I ＿＿＿＿＿＿＿＿ English．

私は英語を話します。

(2)　Ken and Sam ＿＿＿＿＿＿ baseball on Sundays．

健とサムは日曜日に，野球をします。

(3)　Emma ＿＿＿＿＿＿ cats．

エマはネコが好きです。

(4)　My father ＿＿＿＿＿＿ up at seven every morning．

私の父は毎朝7時に起きます。

(5)　We ＿＿＿＿＿＿ Kyoto last week．

私たちは先週，京都を訪れました。

(6)　Mike ＿＿＿＿＿＿ to Japan last year．

マイクは昨年，日本に来ました。

3人称単数・現在形の作り方

基本
−s をつける（play → plays）
s, o, x, sh, ch で終わる動詞
−es をつける（go → goes）
〈子音字＋y〉で終わる動詞
y を i にかえて −es をつける（study → studies）

注意 have → has

過去形（規則動詞）の作り方

基本
−ed をつける（play → played）
e で終わる動詞
−d をつける（use → used）
〈子音字＋y〉で終わる動詞
y を i にかえて −ed をつける（study → studied）

過去形（不規則動詞）の作り方は p.40参照。

攻略のカギ❹ 一般動詞の否定文・疑問文

▶ **否定文** （語順）　　　主語 do[does] not 一般動詞 （名詞など〜）．

▶ **疑問文** （語順）　Do[Does] 主語 ＿＿＿ 一般動詞 （名詞など〜）？

▶ **ルール** 主語が I，you，複数のときは do を，主語が3人称単数のときは does を使う。

　　　　　過去の文では do[does] の代わりに did を使う。否定文・疑問文では動詞を原形にする。

♪A04　(1)　Kate ＿＿＿＿＿＿＿＿ like coffee．

ケイトはコーヒーが好きではありません。

(2)　＿＿＿＿＿ Kate ＿＿＿＿＿ coffee？

ケイトはコーヒーが好きですか。

— No, she ＿＿＿＿＿．いいえ，好きではありません。

(3)　＿＿＿＿＿ they ＿＿＿＿＿ in the park？

彼らは公園で走りましたか。

— Yes, they ＿＿＿＿＿．はい，走りました。

(2) 疑問文に対しては
Yes, 主語 do[does]. /
No, 主語 don't[doesn't].
で答えるんだね！

do[does, did] と短縮形

do not = don't　does not = doesn't
did not = didn't

(3) 過去の文だから did
を使うよ。

ここで学んだ内容を
次で確かめよう！

問題 を解こう

100点 30分

1 次の文の( )内から適する語を選び，記号を○で囲みなさい。　　　　　2点×9（18点）

(1) I (ア is　　イ am　　ウ are) from Kyoto.

(2) Rie (ア is　　イ am　　ウ are) in the brass band.

(3) You (ア are　　イ were　　ウ was) in the aquarium yesterday.

(4) There (ア is　　イ were　　ウ was) a big tree near my house ten years ago.

(5) I (ア play　　イ plays　　ウ did) the piano on Saturdays.

(6) He (ア buy　　イ buys　　ウ bought) a bag last week.

(7) My father (ア isn't　　イ don't　　ウ doesn't) watch TV.

(8) (ア Is　　イ Am　　ウ Are) Yuta busy now?

(9) (ア Do　　イ Does　　ウ Did) you go shopping yesterday?

2 次の文を( )内の指示にしたがって書きかえるとき，＿＿に適する語を書きなさい。

4点×4（16点）

(1) I am on the tennis team. （下線部を You にかえて）

You ＿＿＿＿＿＿ on the tennis team.

(2) Is he a soccer player now? （下線部を last year にかえて）

＿＿＿＿＿＿ he a soccer player last year?

(3) There are some parks near the station. （否定文に）

There ＿＿＿＿＿＿ any parks near the station.

(4) You have a black umbrella. （疑問文にして，答える文も）

＿＿＿＿＿＿ you have a black umbrella? — Yes, I ＿＿＿＿＿＿ .

3 各組の文がほぼ同じ内容を表すように，＿＿に適する語を書きなさい。　　4点×4（16点）

(1) { She is a math teacher at my school.
　　 She ＿＿＿＿＿＿ math at my school.

(2) { They play baseball very well.
　　 They ＿＿＿＿＿＿ very good baseball ＿＿＿＿＿＿ .

(3) { A week has seven days.
　　 ＿＿＿＿＿＿ ＿＿＿＿＿＿ seven days in a week.

(4) { My favorite subject is English.
　　 I ＿＿＿＿＿＿ English very much.

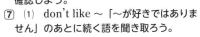

6 (2) 健が父親について述べている部分を
確認しよう。
7 (1) don't like ～ 「～が好きではありま
せん」のあとに続く語を聞き取ろう。

4 日本文に合うように，〔 〕内の語(句)を並べかえなさい。　　5点×3 (15点)

(1)　あなたは昨日，忙しかったですか。

〔 you / were / busy 〕 yesterday?

_____ yesterday?

(2)　私のおじは東京に住んでいません。

〔 Tokyo / in / my uncle / live / doesn't 〕.

(3)　ケイトは昨夜，早く寝ました。

Kate 〔 went / night / bed / early / last / to 〕.

Kate _____ .

5 Write メモを見てどちらかの質問を選び，「あなたは～ですか」とたずねる英文を書きなさい。

(5点)

〈名前〉Nakata Kumi?
〈部活動〉テニス部？

6 Read 健(Ken)が家族の紹介をしています。次の問いに日本語で答えなさい。　6点×3 (18点)

There are four people in my family.　My father is a teacher.　He teaches math at a high school.　My mother is good at cooking.　Her curry is delicious. I have a sister.　Her name is Saki.　She likes badminton very much.

(1)　健の家族は健を含めて何人ですか。　　　　　　　　(　　　　　　　　)

(2)　健の父の職業は何ですか。　　　　　　　　　　　　(　　　　　　　　)

(3)　健の妹は何が好きですか。　　　　　　　　　　　　(　　　　　　　　)

♪L01 **7** Listen 音声を聞いて，(1)由香と(2)明が好きではないものをア～ウから選び，記号で答えな さい。

6点×2 (12点)

(1)　ア　英語　　イ　数学　　ウ　理科　　　　　　　　(　　　　　　　　)

(2)　ア　ピザ　　イ　すし　　ウ　スパゲッティ　　　　(　　　　　　　　)

1日目 はここまで！

9

名詞・代名詞・疑問詞などのルールや種類を覚えよう。

解答 > p.4〜5

要点 を確認しよう 攻略のカギ 🔑 を読み，空所に英語を書こう。🎤 完成した英文を音読しよう。

🔑 攻略のカギ❶ 名詞

名詞とは，ものや人の名前を表す語のことをいう。数えられる名詞と数えられない名詞があり，数えられる名詞が２つ［２人］以上のとき，名詞を複数形にする。

名詞の前に，冠詞をつけることがある。

▶冠詞の種類　a, an：「１つの，１人の」という意味で，数えられる名詞の前につける。

the ：すでに話題に出た名詞の前などにつける。数えられる名詞にも数えられない名詞にも使う。

♪A05 (1) I have ＿＿＿＿＿＿ dog.

私は１匹のイヌを飼っています。

(2) He ate ＿＿＿＿＿＿ orange.

彼はオレンジを１個食べました。

(3) They are ＿＿＿＿＿＿.

彼らは学生です。

(4) Kumi needs five ＿＿＿＿＿＿.

久美は５つの箱を必要としています。

(5) She bought a hat. ＿＿＿＿＿＿ hat is nice.

彼女は帽子を買いました。その帽子はすてきです。

複数形の作り方

多くの名詞
−s をつける (book → books)
s, x, sh, ch で終わる名詞
−es をつける (class → classes)
〈子音字＋y〉で終わる名詞
y を i にかえて −es をつける (story → stories)
f, fe で終わる名詞
f, fe を v にかえて −es をつける (life → lives)

注意 不規則に変化する名詞 (man → men) や，単数と複数が同じ名詞 (fish, sheep) もある。

🔑 攻略のカギ❷ 代名詞

代名詞とは，名詞の代わりに用いられる語のことをいう。

▶人称代名詞　人やものを表す。文中での働きによって形が変化する。

(例) I（私は［が］）— my（私の）— me（私を［に］）

▶所有代名詞　「〜のもの」という意味を表す。(例) mine（私のもの）

▶指示代名詞　this（これ，こちら）　　that（あれ，あちら）

these（これら）　　those（あれら）

代名詞を使うと，くり返しを避けることができるよ。

♪A06 (1) I saw ＿＿＿＿＿ and ＿＿＿＿＿ sister.

私は彼と彼のお姉さんを見ました。

(2) Is this bike ＿＿＿＿＿?

この自転車は彼女のものですか。

(2) 所有代名詞を使えば，her bike を１語で表すことができるよ。

(3) ＿＿＿＿＿ is my chair. ＿＿＿＿＿ is yours.

これは私のいすです。あれはあなたのものです。

(3) 話し手から近いところにあるか離れたところにあるかで使い分けるんだね。

攻略のカギ❸　疑問詞

疑問詞は疑問文の最初に置き，答えるときは Yes / No ではなく，たずねられた内容を答える。

▶ be 動詞の文 (語順)　[疑問詞] [be 動詞] [主語] ～？

▶ 一般動詞の文 (語順)　[疑問詞] do[does, did] [主語] [動詞の原形] ～？

> [疑問詞] のあとは，ふつうの疑問文の語順が続くよ。

▶ 〈疑問詞＋名詞〉　what, whose, which は後ろに名詞を置くこともできる。

▶ 〈How ＋形容詞[副詞]〉　how は後ろに形容詞や副詞を置くこともできる。

♪A07 (1) ＿＿＿＿＿＿ is that girl?　あの女の子はだれですか。

— She is Emma.　彼女はエマです。

(2) ＿＿＿＿＿＿ did you see the movie?

あなたはいつその映画を見ましたか。

(3) ＿＿＿＿＿＿ do they live?

彼らはどこに住んでいますか。

(4) ＿＿＿＿＿＿＿＿ is it?

何時ですか。

(5) ＿＿＿＿＿＿＿＿ cats does Yuta have?

雄太は何匹のネコを飼っていますか。

— He has three cats.　彼は 3 匹のネコを飼っています。

疑問詞と意味

what	何，何の
who	だれ
whose	だれの，だれのもの
which	どちら(の)，どれ，どの
when	いつ
where	どこで，どこに
why	なぜ
how	どのように

〈How ＋形容詞[副詞]〉

How old ～?	年齢，古さ
How many ～?	数
How long ～?	長さ，時間
How often ～?	頻度
How far ～?	距離
How much ～?	量，値段

攻略のカギ❹　前置詞と接続詞

前置詞は〈前置詞＋(代)名詞〉の形で，名詞や動詞を修飾する。

▶ **前置詞の種類**　at：(時刻，せまい場所) ～に　　on：(日付・曜日) ～に，～の上に

in：(月・季節・年) ～に，～の中に　　to：(方向・到達) ～へ，～に など

接続詞は，語(句)と語(句)，文と文をつなげる働きをする。

▶ **接続詞の種類**　and：～と…，そして　　but：しかし　　or：～または… 　　so：だから

when：～するとき　　if：もし～ならば　　because：～だから など

♪A08 (1) I usually get home ＿＿＿＿＿＿ six thirty.

私はたいてい 6 時半に帰宅します。

(2) Akira lived ＿＿＿＿＿＿ Osaka for two years.

明は 2 年間，大阪に住んでいました。

(3) Is he a singer ＿＿＿＿＿＿ an actor?

彼は歌手ですか，それとも俳優ですか。

(4) ＿＿＿＿＿＿ I visited my aunt, she was sleeping.

私がおばを訪ねたとき，彼女は眠っていました。

代表的な前置詞

after	～のあとに
before	～の前に
from	～から
over	～の真上に
under	～の真下に
by	～のそばに
with	～といっしょに

> ここで学んだ内容を次で確かめよう！

問題 を解こう

100点　30分

1 次の文の（　）内から適する語を選び，記号を○で囲みなさい。　　　2点×10(20点)

(1) My brother visited （ ア a　イ an　ウ two ） countries last year.

(2) Can you play （ ア a　イ an　ウ the ） piano?

(3) Whose notebook is this? — It's （ ア my　イ me　ウ mine ）.

(4) Did Jun help （ ア he　イ his　ウ him ） father yesterday?

(5) （ ア This　イ That　ウ Those ） are my pictures.

(6) （ ア Why　イ How　ウ Which ） do you like the book?

　　 — Because it's interesting.

(7) We have a lot of snow （ ア at　イ on　ウ in ） winter.

(8) Amy often goes （ ア in　イ to　ウ at ） the museum.

(9) （ ア If　イ When　ウ Before ） it's sunny tomorrow, we will go camping.

(10) She was sick, （ ア but　イ or　ウ so ） she went to school yesterday.

2 日本文に合うように，＿＿＿に適する語を書きなさい。　　　4点×8 (32点)

(1) 私は野球選手になりたいです。

　　 I want to be ＿＿＿＿＿＿ baseball player.

(2) 公園にはたくさんの子どもたちがいました。

　　 There were many ＿＿＿＿＿＿ in the park.

(3) これは私たちのボールではありません。それは彼らのものです。

　　 This is not ＿＿＿＿＿＿ ball.　It's ＿＿＿＿＿＿.

(4) だれがあなたの昼食を作りましたか。 — 私の父が作りました。

　　 ＿＿＿＿＿＿ cooked your lunch?

　　 — My father did.

(5) 健はどのように学校に来ますか。— バスで来ます。

　　 ＿＿＿＿＿＿ does Ken come to school?

　　 — ＿＿＿＿＿＿ bus.

(6) 彼は夕食前に宿題をします。

　　 He does his homework ＿＿＿＿＿＿ dinner.

(7) 私は忙しかったので，テレビを見ることができませんでした。

　　 I was busy, ＿＿＿＿＿＿ I couldn't watch TV.

(8) もしあなたがひまなら，私に電話をかけてください。

　　 Please call me ＿＿＿＿＿＿ you are free.

3 日本文に合うように，〔 〕内の語を並べかえなさい。　　　　　5点×3 (15点)

(1) リサは何語を話すことができますか。

〔 language / Lisa / can / what / speak 〕?

(2) 私は1つの卵と牛乳がほしいです。

〔 an / I / and / egg / want 〕 milk.

_____ milk.

(3) 雨だったので，私たちはサッカーをしませんでした。

〔 play / was / we / because / rainy / didn't / it / soccer 〕.

4 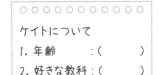 メモを見て，ケイトに質問する英文を書きなさい。　　　　　(5点)

○○○○○○○○○○○
ケイトについて
1. 年齢　　　:(　　　)
2. 好きな教科:(　　　)

1. How old are you?

2.

5 理恵(Rie)とビル(Bill)がそれぞれの兄弟[姉妹]について話しています。下線部①，
②の具体的な内容を，それぞれ日本語で書きなさい。　　　　　7点×2 (14点)

Rie: Bill, you have a brother, right?　What does he like?

Bill: He likes music.　He can play the guitar.　He practices ①it every day.
　　　How about you, Rie?　Do you have any brothers or sisters?

Rie: I have two sisters.　②They like cooking very much.

① (　　　　　　　　　) ② (　　　　　　　　　)

♪L02 **6** 音声を聞いて，内容に合う絵をア～ウから選び，○をつけなさい。　　　　　7点×2 (14点)

(1)  (2)

進行中の動作や未来の
ことを表す表現を学ぶ
よ。

解答 > p.6〜7

要点 を確認しよう　攻略のカギを読み，空所に英語を書こう。Speak 完成した英文を音読しよう。

攻略のカギ❶　進行形

〈be 動詞＋動詞の ing 形〉を進行形といい，現在や過去のある時点で進行中の動作を表す。

▶現在進行形 (語順)　主語 be 動詞(am / are / is) 動詞の ing 形 〜.

　　　　　　 (意味) …は〜しています[〜しているところです]。

▶過去進行形 (語順)　主語 be 動詞(was / were) 動詞の ing 形 〜.

　　　　　　 (意味) …は〜していました[〜しているところでした]。

主語 と時によって
be 動詞 を使い分ける
んだね！

♪A09 (1) Saki ＿＿＿＿＿＿ ＿＿＿＿＿ English now.

早紀は今，英語を勉強しています。

(2) Saki ＿＿＿＿＿＿ ＿＿＿＿＿ English then.

早紀はそのとき，英語を勉強していました。

(3) ＿＿＿＿＿＿ ＿＿＿＿＿ a cake now.

私は今，ケーキを作っています。

ing 形の作り方

基本
–ing をつける (play → play**ing**)
e で終わる動詞
e をとって –ing をつける (use → us**ing**)
〈短母音＋子音字〉で終わる動詞
最後の文字を重ねて –ing をつける (swim → swim**ming**)

攻略のカギ❷　進行形の否定文・疑問文

▶否定文 (語順)　　　　　主語 be 動詞 not 動詞の ing 形 〜.

▶疑問文 (語順)　Be 動詞 主語　　　　　動詞の ing 形 〜?

1日目で学んだ be 動詞 の否定文・
疑問文の作り方と同じだね！

♪A10 (1) Mike ＿＿＿＿＿＿ ＿＿＿＿＿ playing the

piano now. マイクは今，ピアノをひいていません。

(2) ＿＿＿＿＿＿ Mike ＿＿＿＿＿ the piano now?

マイクは今，ピアノをひいているのですか。

(3) We ＿＿＿＿＿＿ ＿＿＿＿＿ to music then.

私たちはそのとき，音楽を聞いていませんでした。

(4) ＿＿＿＿＿＿ you ＿＿＿＿＿ this computer now?

あなたは今，このコンピューターを使っていますか。

(4) 答え方もふつうの be 動詞
の文と同じだよ。
〇の場合は
Yes, 主語 be 動詞 .
×の場合は
No, 主語 be 動詞 not .
で答えるよ。

(5) ＿＿＿＿＿＿ were you ＿＿＿＿＿ at nine last night?

あなたは昨夜9時に，何をしていましたか。

— I ＿＿＿＿＿＿ ＿＿＿＿＿ TV.

私はテレビを見ていました。

(5) 「何をしていますか」とたず
ねるときは，
What be 動詞 主語 doing ?
で表すよ。
これは過去の文だから，
be 動詞 は was / were
を使うよ。

攻略のカギ❸　未来（be going to）

be going to を使って，あらかじめ決めておいた予定や未来のことを表すことができる。

▶ 肯定文 [語順]　　　主語　be 動詞　　going to　動詞の原形 ～.

意味 …は～するつもりです［～する予定です］。

▶ 否定文 [語順]　　　主語　be 動詞　not　going to　動詞の原形 ～.

▶ 疑問文 [語順]　Be 動詞　主語　　　going to　動詞の原形 ～?

♪A11 (1)　I ＿＿＿＿＿ ＿＿＿＿＿ to visit my uncle.

私はおじを訪ねるつもりです。

(2)　I ＿＿＿＿＿ ＿＿＿＿＿ going to visit my uncle.

私はおじを訪ねるつもりはありません。

(3)　＿＿＿＿＿ you ＿＿＿＿＿ to visit your uncle?

あなたはおじさんを訪ねるつもりですか。

(4)　＿＿＿＿＿ is she ＿＿＿＿＿ to do tomorrow?

彼女は明日，何をするつもりですか。

⑶ 答え方はふつうの be 動詞 の文と同じだよ。
Yes, 主語 be 動詞 . /
No, 主語 be 動詞 not .
で答えるよ。

⑷ 「何をするつもりですか」とたずねるときは What で始めて，疑問文の語順を続けるよ。

攻略のカギ❹　未来（will）

will を使って，意志や予測，その場で決めたことを表すことができる。

主語 が何であっても will の形は変わらないんだね。

▶ 肯定文 [語順]　　　主語　will　　動詞の原形 ～.

意味 …は～するでしょう［～するつもりです］。

▶ 否定文 [語順]　　　主語　will　not　動詞の原形 ～.

▶ 疑問文 [語順]　Will　主語　　　　動詞の原形 ～?

will のあとの 動詞 は必ず原形になるよ！

♪A12 (1)　Sam ＿＿＿＿＿ ＿＿＿＿＿ in the river.

サムは川で泳ぐでしょう。

(2)　Sam ＿＿＿＿＿ swim in the river.

サムは川で泳がないでしょう。

(3)　＿＿＿＿＿ Sam ＿＿＿＿＿ in the river?

サムは川で泳ぐでしょうか。

(4)　Aya ＿＿＿＿＿ ＿＿＿＿＿ here soon.

亜矢はすぐにはここに来ないでしょう。

(5)　It ＿＿＿＿＿ ＿＿＿＿＿ rainy tomorrow.

明日は雨が降るでしょう。

⑶ 疑問文に対して，○の場合は
Yes, 主語 will .
×の場合は
No, 主語 will not ［won't］.
で答えるよ。

will と短縮形

I will = I'll
you will = you'll
they will = they'll
will not = won't

ここで学んだ内容を次で確かめよう！

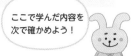

3日目

問題 を解こう　　　　　　　　　　　　　100点　30分

1 次の文の（　）内から適する語を選び，記号を〇で囲みなさい。　　2点×10（20点）

(1) Bill（ ア is　イ are　ウ were ）walking with his mother.

(2) I'm（ ア are　イ going　ウ will ）to get up at seven.

(3) My brother（ ア is　イ will　ウ going ）be twelve years old tomorrow.

(4) （ ア Did　イ Is　ウ Were ）you sitting on the chair?

(5) Ken and Kate（ ア is　イ are　ウ will ）going to practice tennis next Sunday.

(6) She（ ア is　イ will　ウ was ）be free tomorrow.

(7) What（ ア did　イ were　ウ was ）he doing last night?

(8) Where（ ア are　イ does　ウ is ）you going to visit next week?

(9) I（ ア don't　イ won't　ウ wasn't ）playing baseball then.

(10) Bill（ ア isn't　イ wasn't　ウ won't ）doing his homework now.

2 日本文に合うように，＿＿＿に適する語を書きなさい。　　3点×8（24点）

(1) 彼女は来週，ケビンに会う予定ですか。

＿＿＿＿＿＿ she ＿＿＿＿＿＿ to meet Kevin next week?

(2) 卓也と私はそのとき，歌を歌っていました。

Takuya and I ＿＿＿＿＿＿ ＿＿＿＿＿＿ a song then.

(3) あなたはいつ日本を出発するつもりですか。

When ＿＿＿＿＿＿ you ＿＿＿＿＿＿ Japan?

(4) 私は明日，郵便局には行きません。

I ＿＿＿＿＿＿ ＿＿＿＿＿＿ to a post office tomorrow.

(5) 私の兄は図書館で本を読んでいます。

My brother ＿＿＿＿＿＿ ＿＿＿＿＿＿ a book in the library.

(6) 彼らは公園を走っていませんでした。

They ＿＿＿＿＿＿ ＿＿＿＿＿＿ in the park.

(7) 明は放課後，ギターをひいていましたか。―― いいえ，ひいていませんでした。

＿＿＿＿＿＿ Akira ＿＿＿＿＿＿ the guitar after school?

— No, he ＿＿＿＿＿＿ ＿＿＿＿＿＿ .

(8) あなたは今週末，何をするつもりですか。―― 私はケーキを作るつもりです。

What ＿＿＿＿＿＿ you ＿＿＿＿＿＿ to do this weekend?

— ＿＿＿＿＿＿ to make a cake.

16

④ 「夕食後」は after dinner だよ。
⑥ (2) 昨日と今日のそれぞれの天気を表す
語を聞き取ろう。

3 次の文を（　）内の指示にしたがって書きかえなさい。　　　　6点×3 (18点)

(1)　I will be busy tomorrow.　（否定文に）

(2)　Jun writes a letter in English.　（文末に now を補って現在進行形の文に）

(3)　She's going to study math in the afternoon.　（疑問文に）

4 メモを見て，理恵(Rie)の明日の予定を伝える英文を，例にならって書きなさい。

(6点)

（例）Rie is going to play tennis in the morning.

○○○○○○○○○○○
明日の予定
朝　　　：テニスをする
夕食後：映画を見る

5 ポール(Paul)と久美(Kumi)が，冬休みの予定について話しています。内容に合う
ように（　）に適する日本語を書きなさい。　　　　6点×3 (18点)

Paul:　What are you going to do this winter vacation?
Kumi:　I'm going to watch a soccer game with my friends.　How about you?
Paul:　I'm going to visit America.　It will be snowy there.
Kumi:　Nice!　What will you do there?
Paul:　I'll ski with my father.

(1)　久美は冬休みに友達と（　　　　　　　　　　　）予定です。
(2)　ポールは冬休みに（　　　　　　　　　　）を訪れる予定です。
(3)　ポールはお父さんと（　　　　　　　　　）つもりです。

♪L03 **6** 音声を聞いて，内容に合う絵を**ア〜ウ**から選び，○をつけなさい。

7点×2 (14点)

(1)

(2)

いろいろな意味をもつ助動詞の役割を理解して, 使い分けよう。

音声

解答 > p.8〜9

要点 を確認しよう　　攻略のカギ を読み, 空所に英語を書こう。 Speak 完成した英文を音読しよう。

攻略のカギ❶　助動詞

助動詞は〈助動詞＋動詞の原形〉の形で, 動詞にいろいろな意味を加える働きをする。

語順 主語 助動詞 動詞の原形 〜.

 助動詞 のあとに続く 動詞 は, 必ず原形になるので注意しよう。

 must と **have to** はどちらも「〜しなければならない」という意味があるね。

助動詞の種類

助動詞	働き	意味
can	可能	〜することができる
	許可	〜してもよい
must	義務	〜しなければならない
	強い推量	〜にちがいない
may	許可	〜してもよい
	推量	〜かもしれない
should	義務	〜すべきである

注意 have[has] to 〜：must(義務)とほぼ同じ意味を表す。

♪A13 (1) He ＿＿＿＿＿＿ ＿＿＿＿ English.

彼は英語を話すことができます。

(2) You ＿＿＿＿ ＿＿＿＿ your room.

あなたはあなたの部屋をそうじしなければなりません。

(3) We ＿＿＿＿ ＿＿＿＿ each other.

私たちはお互いに助け合うべきです。

(4) Emma ＿＿＿＿ ＿＿＿＿ to the party.

エマはパーティーに来るかもしれません。

(5) She ＿＿＿＿ ＿＿＿＿ do her homework.

彼女は宿題をしなければなりません。

(1)〜(4) 助動詞 のあとに続く動詞は原形だね。

(3)「〜すべきである」を表す 助動詞 は何かな？

(5) have to は 主語 が 3 人称単数のときは, has to にするよ。

攻略のカギ❷　助動詞の否定文・疑問文

▶否定文 語順　　　　主語 助動詞 **not** 動詞の原形 〜.

▶疑問文 語順　 助動詞 主語　　　　動詞の原形 〜？

否定の意味の違いに注意！

助動詞	意味
must not	〜してはいけない
don't[doesn't] have to	〜しなくてよい

 否定文でも, 疑問文でも, 動詞は原形のままだね。

 have to の否定文・疑問文は, 1日目で習った一般動詞と同じ形だよ。

♪A14 (1) I _____ swim fast.

私は速く泳げません。

(2) _____ you _____ fast?

あなたは速く泳げますか。

— No, I _____ .

いいえ，泳げません。

(3) We _____ _____ here.

私たちはここで走ってはいけません。

(4) He _____ _____ to make breakfast.

彼は朝食を作らなくてよいです。

(5) You _____ _____ this dictionary.

あなたはこの辞書を使うべきではありません。

(6) _____ I _____ to go to the hospital?

私は病院へ行かなければなりませんか。

— No, you _____ _____ to.

いいえ，行かなくてよいです。

(2) 疑問文は 助動詞 を 主語 の前に置くよ。

助動詞＋ not の短縮形
cannot ＝ can't
must not ＝ mustn't
should not ＝ shouldn't

(3)(4)
must not「～してはいけない」
don't [doesn't] have to
「～しなくてよい」
の違いに注意だね。

(6) have to の疑問文に対して
○の場合は
Yes, 主語 do[does].
×の場合は
No, 主語 don't[doesn't]
have to.
で答えるよ。

攻略のカギ❸　助動詞を使った会話表現

▶会話表現　Can[Will] you ～?　～してくれませんか。(依頼)

May[Can] I ～?　～してもよいですか。(許可)

Shall I ～?　(私が)～しましょうか。(申し出)

Shall we ～?　(いっしょに)～しませんか。(勧誘・提案)

Could[Would] you ～?　～してくださいませんか。(ていねいな依頼)

助動詞 の疑問文なので，動詞は原形を使うよ。

♪A15 (1) _____ _____ open the window?

窓を開けてくれませんか。

(2) _____ _____ use your eraser?

あなたの消しゴムを使ってもよいですか。

(3) _____ _____ bring the box?

私がその箱を持ってきましょうか。

(4) _____ _____ go to the library?

図書館に行きませんか。

(5) _____ _____ give me some water?

水をくださいませんか。

(1)(2) 相手にお願いするときは you，自分がしてよいかどうかをたずねるときは I を使うんだね。

(4)「(いっしょに)～しませんか」と相手を誘うときに使う表現だよ。

(5) ていねいに依頼するときは，can[will]ではなく could[would]を使うよ。

ここで学んだ内容を次で確かめよう！

19

問題 を解こう

100点　30分

1 日本文に合うように，　　に適する語を書きなさい。　　　3点×8 (24点)

(1) ケイトはじょうずにピアノをひくことができます。

Kate ＿＿＿＿＿＿＿＿＿＿ the piano well.

(2) 私たちは熱心に数学を勉強すべきです。

We ＿＿＿＿＿＿＿＿＿＿ math hard.

(3) あなたは遅れてはいけません。

You ＿＿＿＿＿＿＿＿＿＿ be late.

(4) 生徒たちはここで泳いでもよいです。

The students ＿＿＿＿＿＿＿＿＿＿ here.

(5) (私が)写真を撮りましょうか。

＿＿＿＿＿＿＿＿＿＿ take a picture?

(6) 彼女はお母さんを手伝わなければなりません。

She ＿＿＿＿＿＿＿＿＿＿ help her mother.

(7) 彼は親切にちがいありません。

He ＿＿＿＿＿＿＿＿＿＿ kind.

(8) 私は市役所に行かなければなりませんか。

— いいえ，行く必要はありません。

＿＿＿＿＿＿ I ＿＿＿＿＿＿ to go to the City Hall?

— No, you ＿＿＿＿＿＿＿＿＿＿ to.

2 各組の文がほぼ同じ内容を表すように，　　に適する語を書きなさい。　　　4点×3 (12点)

(1) Please cook dinner for me.
　　 ＿＿＿＿＿＿ you cook dinner for me?

(2) You must read this book.
　　 You ＿＿＿＿＿＿＿＿＿＿ read this book.

(3) Let's go to the park.
　　 ＿＿＿＿＿＿＿＿＿＿ go to the park?

3 次の英文を日本語になおしなさい。　　　4点×3 (12点)

(1) Would you open the door?　　ドアを（　　　　　　　　　　　　　）。

(2) You don't have to get up early.　　あなたは（　　　　　　　　　　　　　）。

(3) Shall we go to the museum?　　美術館に（　　　　　　　　　　　　　）。

⑤ 「～しなければならない」は must や have to で表すことができるよ。
⑦ must not「～してはいけない」に続く語を聞き取ろう。

ピ
リ
ッ

---

4 日本文に合うように，〔　〕内の語(句)を並べかえなさい。　　　　7点×2 (14点)

(1)　あなたはこの通りでは，気をつけるべきです。

〔 should / careful / you / be 〕on this street.

on this street.

(2)　ここで靴をぬいでくださいませんか。

〔 you / take off / your / could / shoes 〕here?

here?

5 🖊 Write　表は早紀の今日しなければならないことを表しています。表を見て，例にならって早紀になったつもりで今日しなければならないことを書きなさい。　　　(8点)

今日しなければならないこと
・フルートの練習
・自分の部屋のそうじ

(例) I have to practice the flute.

6 📖 Read　ジェーン(Jane)と卓也(Takuya)が，午後の予定について話しています。対話の内容と合うものを下から2つ選び，記号で答えなさい。　　　(完答9点)

Jane:	I'm going to go to the post office.　Can you come with me, Takuya?
Takuya:	Sorry, I can't.　I have to go to a bookstore.
Jane:	Oh, it may be rainy in the evening.
Takuya:	Really?　May I use your umbrella?
Jane:	Sure.

ア　ジェーンは郵便局へ行くつもりである。

イ　卓也はスーパーマーケットへ行かなければならない。

ウ　ジェーンと卓也が話しているとき，雨が降っていた。

エ　卓也はジェーンの傘を使ってもよいかたずねた。　　　（　　　）（　　　）

♪ L04 **7** 🎧 Listen　音声を聞いて，図書館でしてもよいことには〇，してはいけないことには×をつけなさい。　　　7点×3 (21点)

4日目 はここまで！

21

音声

解答 > p.10〜11

「〜すること」など様々な意味をもつ不定詞・動名詞を学ぶよ。

要点 を確認しよう ● 攻略のカギ を読み，空所に英語を書こう。 Speak 完成した英文を音読しよう。

攻略のカギ❶　不定詞の3用法

不定詞は〈to ＋動詞の原形〉で表し，3つの用法がある。

▶形　to 動詞の原形 〜

▶名詞的用法　意味 〜すること

▶副詞的用法　意味 〜するために（目的），〜して（感情の原因・理由）

▶形容詞的用法　意味 〜する（ための），〜するべき

主語や時制が何であっても to の後ろは 動詞の原形 だよ。

♪A16 (1) Sam likes ＿＿＿＿＿＿ ＿＿＿＿＿＿ soccer.

サムはサッカーをすることが好きです。

(2) I went to the supermarket ＿＿＿＿＿

＿＿＿＿＿＿ eggs.

私は卵を買うためにスーパーマーケットに行きました。

(3) She has a lot of things ＿＿＿＿＿

＿＿＿＿＿＿ today.

彼女は今日することがたくさんあります。

(4) ＿＿＿＿＿＿ ＿＿＿＿＿ English is important.

英語を話すことは重要です。

(5) We were sad ＿＿＿＿＿ ＿＿＿＿＿ the news.

私たちはその知らせを聞いて悲しかったです。

名詞的用法でよく使う動詞

・like to 〜「〜するのが好きだ」
・want to 〜「〜したい」
・hope to 〜「〜することを望む」
・try to 〜「〜しようとする」
・need to 〜「〜する必要がある」

(3)「〜する（ための），〜するべき」は，〈to ＋ 動詞の原形〉が名詞を後ろから修飾するよ。

(5) sad があるから感情の原因・理由を表す不定詞の副詞的用法だよ。

攻略のカギ❷　動名詞

動詞の ing 形は「〜すること」の意味を表すことができる。

▶形　動詞の ing 形　意味 〜すること

進行形で使う ing 形と同じ形だね！

♪A17 (1) Sam likes ＿＿＿＿＿ soccer.

サムはサッカーをすることが好きです。

(2) Her hobby is ＿＿＿＿＿ cakes.

彼女の趣味はケーキを作ることです。

(3) ＿＿＿＿＿ in the park is fun.

公園で走ることは楽しいです。

(1) 不定詞の名詞的用法とほぼ同じ意味になるね。

(3) 主語が動名詞のときは，3人称単数扱いになるよ。

攻略のカギ❸　不定詞と動名詞

目的語に不定詞と動名詞のどちらをとるかは，動詞によって決まる。

不定詞のみをとる	want to ～（～したい）, hope to ～（～することを望む）, decide to ～（～することを決める）など
動名詞のみをとる	enjoy ～ing（～して楽しむ）, finish ～ing（～し終える）, stop ～ing（～することをやめる）など
不定詞も動名詞もとる	like to ～/～ing（～するのが好きだ）, begin[start] to ～/～ing（～し始める）など

不定詞と動名詞で意味が変わる動詞がある。

{ try to ～（～しようとする）
{ try ～ing（試しに～してみる）

{ forget to ～（～することを忘れる）
{ forget ～ing（～したことを忘れる）

{ remember to ～（～するのを覚えている，忘れずに～する）
{ remember ～ing（～したことを覚えている）

不定詞はこれから行うこと，動名詞はすでに行ったことを表すね！

♪A18 (1)　I ＿＿＿＿＿＿ ＿＿＿＿＿＿ eat a hamburger.

　　　私はハンバーガーを食べたいです。

(2) 過去の文だから動詞は過去形だね。

(2)　We ＿＿＿＿＿＿ ＿＿＿＿＿＿ a baseball game.

　　　私たちは野球の試合を見て楽しみました。

(3) 「忘れずに持ってくる」ということはつまり，「持ってくることを覚えている」ということだね。

(3)　＿＿＿＿＿＿ ＿＿＿＿＿＿ bring your notebooks.

　　　ノートを忘れずに持ってきて。

攻略のカギ❹　It is ～（for ＋人）to ....

It is ～ to .... で「…することは～だ」という意味を表す。to ... の動作がだれによるものなのかを表したいときは，〈for ＋人〉を to ... の前に置く。

語順 It is ～（for ＋人）to ....
　　形式上の主語　　　　　　　↑ It の具体的な内容

意味 …することは（―にとって）～だ。

この It は形式上の 主語 で，to ... の内容を指しているよ。「それは」と訳さないので注意しよう。

♪A19 (1)　＿＿＿＿＿＿ is interesting ＿＿＿＿＿＿ read books.

　　　本を読むのはおもしろいです。

(3) 空所の数から，It is は短縮形を使って表すよ。

(2)　It was easy ＿＿＿＿＿＿ to swim.

　　　彼女にとって，泳ぐのは簡単でした。

(3)　＿＿＿＿＿＿ important ＿＿＿＿＿＿ be kind.

　　　親切であることは大切です。

ここで学んだ内容を次で確かめよう！

100点

1 次の文の ____ に( )内の語を適する形にかえて書きなさい。ただし，1語とは限らない。

2点×5（10点）

(1) _____ tennis is a lot of fun. （play）

(2) It is difficult for me _____ fast. （swim）

(3) I'm happy _____ you. （meet）

(4) He finished _____ the computer. （use）

(5) Yuki hopes _____ in Australia. （live）

2 日本文に合うように， ____ に適する語を書きなさい。

3点×9（27点）

(1) 歌を歌うことは楽しいです。

_____ songs is fun.

(2) 彼らはその店で彼らの先生に会って驚きました。

They were _____ see their teacher at the store.

(3) その質問に答えるのは，彼にとって簡単ではありません。

It isn't easy _____ to answer the question.

(4) 私の姉は，英語を勉強するためにカナダに行きました。

My sister went to Canada _____ English.

(5) 海外の小説を読むのはおもしろいです。

_____ foreign novels _____ interesting.

(6) あなたはチケットを買う必要があります。

You _____ buy a ticket.

(7) あの山に登るのは私には大変でした。

_____ was hard for me _____ climb that mountain.

(8) 何か冷たい飲み物を買いましょう。

Let's get something cold _____.

(9) 私は昨年奈良を訪れたことを覚えています。

I _____ Nara last year.

3 次の英文を日本語になおしなさい。

4点×5（20点）

(1) My father forgot to take a picture.　私の父は（　　　　　　　　　）。

(2) Takuya doesn't have time to have lunch. 卓也は（　　　　　　　　　）。

(3) I stopped seeing the movie.　私は（　　　　　　　　　）。

(4) She tried to make cookies.　彼女は（　　　　　　　　　）。

(5) I won't forget going to Okinawa.　私は（　　　　　　　　　）。

⑤ 「…になりたい」は不定詞を使って want
to be ... で表すよ。
⑦ enjoy は目的語に動名詞をとるよ。

4 日本文に合うように，〔　〕内の語（句）を並べかえなさい。　　　　　　　5点×3 (15点)

(1) 彼の仕事は病気の人々を助けることです。

〔 is / his / helping / job 〕 sick people.

_____ sick people.

(2) 私は宿題をするために図書館へ行きました。

I went to the library 〔 my homework / to / do 〕.

I went to the library _____ .

(3) エマ（Emma）にとって日本語を書くことは難しいです。

It is 〔 to / Emma / difficult / for 〕 write Japanese.

It is _____ write Japanese.

5 明(Akira)とケイト(Kate)が将来の夢について話しています。それぞれの人物について，「～は…になりたいです」という英文を書きなさい。　　　5点×2(10点)

(1) 　　　　　　俳優になりたいよ。　　(2) 　　　　　　教師になりたいな。

Akira 　　　　　　　　　　　　　　　　Kate

(1) _____

(2) _____

6 リサ(Lisa)が，行きたい国について話しています。本文の内容と合うものには〇を，異なるものには×を書きなさい。　　　　　　　　　　　　　6点×2 (12点)

I want to go to France. I want to visit a famous museum there. We can see a lot of beautiful pictures there. I like seeing pictures very much. We can also enjoy seeing a drama in the theater.

(1) リサはフランスの美術館に行きたい。　　　　　　　　　　　　（　　）

(2) リサは写真を撮ることが好きである。　　　　　　　　　　　　（　　）

♪L05 **7** 音声を聞いて，内容に合うように，空所に適する英語を書きなさい。　　（6点）

Yuta enjoyed _____ in the river last week.

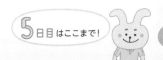

「〜しなさい」という命令を表す文と，いろいろな文の型を学ぶよ。

 音声

解答 > p.12〜13

要点 を確認しよう ▶▶ 攻略のカギ🗝 を読み，空所に英語を書こう。🎤 完成した英文を音読しよう。

🗝 攻略のカギ❶　命令文

主語を省略して動詞の原形で文を始めると，「〜しなさい」という命令する意味の文になる。

▶**命令文** (語順) 動詞の原形 〜.

　　　　(意味) 〜しなさい。

▶**否定の命令文** (語順) Don't 動詞の原形 〜.

　　　　(意味) 〜してはいけません。

「どうぞ〜してください」とていねいに言うときには，文頭または文末に please を置く。

♪A20 (1) ＿＿＿＿＿＿ this box.

　　この箱を開けなさい。

> (2) 否定の命令文で使う Don't は do not の短縮形だよ。

(2) ＿＿＿＿＿ ＿＿＿＿＿ this box.

　　この箱を開けてはいけません。

(3) ＿＿＿＿＿ careful, Emma.

　　気をつけなさい，エマ。

> (3) 命令文は，動詞の原形で始めるんだよね。be 動詞の原形は何かな？

(4) ＿＿＿＿＿ ＿＿＿＿＿ your name here.

　　ここにあなたの名前を書いてください。

🗝 攻略のカギ❷　第1〜3文型

英語の文は，主語(S)，動詞(V)，目的語(O)，補語(C) を使って5つの文型に整理できる。

▶**第1文型** (語順) S+V　　　　例 He runs.

▶**第2文型** (語順) S+V+C　　　例 He looks tired.

▶**第3文型** (語順) S+V+O　　　例 He plays soccer.

> 第2文型の補語(C)は主語とイコールの関係になるよ。例では，He = tired という関係が成り立つよ。

♪A21 (1) Kevin ＿＿＿＿＿ well.

　　ケビンはじょうずに踊ります。

第2文型でよく使う動詞

・be 動詞「〜である」
・look「〜に見える」
・become「〜になる」
・feel「〜と感じる」
・keep「〜のままである」
・sound「〜に聞こえる」

(2) Kevin ＿＿＿＿＿ a dancer.

　　ケビンはダンサーになりました。

(3) Kevin ＿＿＿＿＿ music very much.

　　ケビンは音楽がとても好きです。

> (3) Kevin ≠ music なので，music は目的語(O)だね！

(4) I ＿＿＿＿＿ happy.

　　私は幸せに感じます。

攻略のカギ❸　第4文型

第4文型は，2つの 目的語 を使って S + V + O₁ + O₂ の形をとり，「(人)に(もの)を〜する」という意味を表すことができる。

▶第4文型 語順 S + V + O₁ + O₂ 例 He gave me a bag.

　　　　意味 (人)に(もの)を〜する

2つ続く 目的語 (O) は，〈(人)に＋(もの)を〉の順番になるよ。

第4文型でよく使われる動詞：give (与える)，show (見せる)，tell (伝える)，make (作る)，
teach (教える)，send (送る)，ask (たずねる) など

♪A22 (1) I ＿＿＿＿＿＿＿＿＿＿＿＿＿＿ a watch.

私は彼女に腕時計をあげました。

(2) Aya ＿＿＿＿＿＿＿ ＿＿＿＿＿＿＿ a picture of the sea.

亜矢は私に海の写真を見せました。

(3) I'll ＿＿＿＿＿＿＿＿＿＿＿＿ a postcard.

私はあなたにはがきを送るつもりです。

(4) He ＿＿＿＿＿＿＿ ＿＿＿＿＿＿＿ English.

彼は私たちに英語を教えます。

(5) My father ＿＿＿＿＿＿ a chair ＿＿＿＿＿＿ me.

父は私にいすを作りました。

第4文型→第3文型の書きかえ

第4文型は前置詞の to や for を使って第3文型に書きかえられる場合が多い。

I gave her a watch.

I gave a watch to her.

・to を使う動詞の例：
　give, show, tell, send, teach
・for を使う動詞の例：
　make, cook, buy, get

(5) make は第3文型に書きかえるときに前置詞 for を使うよ。

攻略のカギ❹　第5文型

第5文型は S + V + O + C の形をとり，「〜を…と[に]—する」という意味を表すことができる。

▶第5文型 語順 S + V + O + C 例 She calls me Ken.

　　　　意味 〜を…と[に]—する

目的語 (O) と 補語 (C) はイコールの関係だね！

第5文型でよく使われる動詞：call (〜を…と呼ぶ)，make (〜を…にする)，
keep (〜を…にしておく)，find (〜が…とわかる)，
name (〜を…と名づける)，leave (〜を…のままにする) など

♪A23 (1) They ＿＿＿＿＿＿＿＿＿＿＿＿＿ Aki.

彼らは私をアキと呼びます。

(2) The soccer game ＿＿＿＿＿＿＿ ＿＿＿＿＿＿＿ excited.

そのサッカーの試合は私たちをわくわくさせました。

(3) We must ＿＿＿＿＿＿ the room ＿＿＿＿＿＿.

私たちは部屋をきれいにしておかなければなりません。

(4) His mother ＿＿＿＿＿＿ ＿＿＿＿＿＿ Yuta.

彼のお母さんは彼を雄太と名づけました。

(1) me と Aki は同一人物だから，目的語 (O) と 補語 (C) は O＝C の関係になっているね。

(4) 〈name ＋ 人 ＋ 名前〉で「〜を…と名づける」という意味になるよ。

ここで学んだ内容を次で確かめよう！

6日目

問題 を解こう

100点 **30分**

1 日本文に合うように，____に適する語を書きなさい。　　3点×6（18点）

(1) 教科書を閉じなさい。

_____ your textbook.

(2) あなたのアイデアはとてもおもしろく聞こえます。

Your idea _____ very interesting.

(3) 私はひまなとき，たいてい音楽を聞きます。

I usually _____ to music in my free time.

(4) 理恵はその本が難しいとわかりました。

Rie _____ the book _____.

(5) このコンピューターを使わないでください。

_____ use this computer.

(6) 私は明日，彼に手紙を送るつもりです。

I'll _____ a letter tomorrow.

2 各組の文がほぼ同じ内容を表すように，____に適する語を書きなさい。　3点×6（18点）

(1) I'll make you some cookies.
I'll _____ some cookies _____ you.

(2) You must not run in the classroom.
_____ in the classroom.

(3) My brother showed me the album.
My brother _____ the album _____ me.

(4) She bought beautiful flowers for him.
She _____ beautiful flowers.

(5) Will you wash the dishes?
_____ the dishes.

(6) Akira teaches Emma Japanese.
Akira _____ Japanese _____ Emma.

3 次の英文を日本語になおしなさい。　3点×4（12点）

(1) Aya calls the cat Tama.　亜矢は（　　　　）。

(2) He will get well soon.　彼は（　　　　）。

(3) Saki left the door open.　早紀は（　　　　）。

(4) May I ask you a question?　（　　　　）。

4 日本文に合うように，〔 〕内の語(句)を並べかえなさい。　5点×3(15点)

⑴ 私たちはそのイヌをポチと名づけるつもりです。

〔 name / we / the dog / will 〕Pochi.

_____ Pochi.

⑵ 私に病院への行き方を教えてください。

〔 me / tell / the way / please 〕to the hospital.

_____ to the hospital.

⑶ その思い出は彼女を悲しくさせます。

The memory〔 her / makes / sad 〕.

The memory _____ .

5 次の絵を見て，それぞれが意味する内容を，否定の命令文を使って書きなさい。

6点×3(18点)

⑴ _____

⑵ _____

⑶ _____

6 ビル(Bill)が自分の姉のジェーン(Jane)についてスピーチをしています。本文の内容と合うものを下から2つ選び，記号で答えなさい。　(完答7点)

> I have a sister.　Her name is Jane.　She is a nurse.　She became a nurse two years ago.　Yesterday was her birthday.　I gave her a bag as a birthday present. My mother and I made a cake for her, too.　She looked very happy.

ア ジェーンは医者になりたい。

イ ビルはジェーンにかばんをプレゼントした。

ウ ビルは母といっしょにケーキを作った。

エ ジェーンはとても驚いていた。

(　) (　)

♪L06 **7** 音声を聞いて，ケイト(Kate)と卓也(Takuya)の会話の内容に合うように，空所に適する日本語を書きなさい。　6点×2(12点)

⑴ ケイトはTシャツを着た卓也を（　　　　　　　　　　）と言っている。

⑵ 卓也の（　　　　　　　　　　）が卓也にTシャツを買った。

 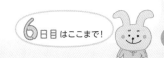

ものや人を比べるときに使う表現を学ぶよ。

音声

解答 ▶ p.14〜15

要点を確認しよう ▶ 攻略のカギ🔑を読み，空所に英語を書こう。🎤Speak 完成した英文を音読しよう。

攻略のカギ❶ 比較級と最上級の文①

「AはBよりも〜」と2つ[2人]のもの[人]を比べるときには，比較級を使う。「〜の中でいちばん…」と3つ[3人]以上のもの[人]を比べるときには，最上級を使う。

形容詞や副詞の語尾に **-er** をつけると比較級，**-est** をつけると最上級になる。

形容詞・副詞の形をかえて比較級と最上級にするんだね！

▶ **比較級** (形) 比較級 + than 〜　　意味 〜よりも…

▶ **最上級** (形) the +最上級+ in[of] 〜　意味 〜の中でいちばん…

in +場所や範囲を表す語句	**of** +数・all・複数を表す語句
in Japan（日本で）　in my family（私の家族の中で）	of the three（3つ[3人]の中で）　of all（すべての中で）

♪A24 (1) Ken is ＿＿＿＿＿＿＿＿＿ Lisa.

健はリサよりも背が高いです。

(2) This bridge is ＿＿＿＿＿＿＿＿＿ in the world.

この橋は世界でいちばん長いです。

(3) Your bag is ＿＿＿＿＿＿＿＿＿ mine.

あなたのかばんは私のよりも大きいです。

(4) Amy practiced ＿＿＿＿＿＿ ＿＿＿＿＿＿ of

the three.

エイミーは3人の中でいちばん熱心に練習しました。

比較級，最上級の作り方

基本
-er, -est をつける (old — older — oldest)
e で終わる語
比較級は -r, 最上級は -st をつける (large — larger — largest)
〈子音字+ y〉で終わる語
y を i にかえて -er, -est をつける (busy — busier — busiest)
〈短母音+子音字〉で終わる語
子音字を重ねて -er, -est をつける (hot — hotter — hottest)
不規則変化
good / well — better — best many / much — more — most

攻略のカギ❷ 比較級と最上級の文②

つづりの長い形容詞・副詞は，前に **more** を置いて比較級，**most** を置いて最上級にする。

	比較級	最上級
beautiful（美しい）	more beautiful	most beautiful
interesting（おもしろい）	more interesting	most interesting
slowly（ゆっくりと）	more slowly	most slowly

副詞の最上級の前の the は，省略されることもあるよ。

♪A25 (1) This song is ＿＿＿＿＿＿＿＿＿ than that one.

この歌はあの歌よりも有名です。

(2) I walked the ＿＿＿＿＿＿＿＿＿ in my class.

私はクラスでいちばんゆっくりと歩きました。

(3) She is the ＿＿＿＿＿＿ ＿＿＿＿＿＿ singer in Japan.

彼女は日本でいちばん人気のある歌手です。

more, most を使う語

・famous（有名な）
・exciting（わくわくする）
・important（重要な）
・expensive（高価な）
・careful（注意深い）
・useful（役に立つ）
・quickly（速く）　など

攻略のカギ❸　as ～ as …

2つ［2人］のもの［人］を比べて「～と同じくらい…」と言うときには，〈as ＋形容詞・副詞の原級（もとの形）＋ as ～〉の形にする。

▶ 肯定文 語順 主語 　　　　　　 動詞 　　 as 原級 as ～. 意味 ～と同じくらい…です。

▶ 否定文 語順 主語 　　　 be 動詞 not as 原級 as ～. 意味 ～ほど…ではありません。

　　　　語順 主語 don't[doesn't] 一般動詞 as 原級 as ～. 意味 ～ほど…しません。

♪A26 (1) My bike is ＿＿＿＿＿＿ old ＿＿＿＿＿ yours.

　　　私の自転車はあなたのものと同じくらい古いです。

(2) My bike is ＿＿＿＿＿＿＿＿＿＿ old as yours.

　　　私の自転車はあなたのものほど古くありません。

(3) Jane ＿＿＿＿＿＿ sing ＿＿＿＿＿ well as Yuta.

　　　ジェーンは雄太ほどじょうずに歌いません。

> (3)「～ほど…しない」という否定文だから，not を使うね。

攻略のカギ❹　like ～ better[the best]

「～のほうが好きです」や「～がいちばん好きです」と言うときには，like ～ better[(the) best]を使って表す。the best の the は省略することもある。

▶ 比較級 語順 主語 like 名詞 better than …. 意味 …よりも～のほうが好きです。

▶ 最上級 語順 主語 like 名詞 (the) best. 意味 ～がいちばん好きです。

▶ 疑問文 語順 Which do[does] 主語 like better, ～ or …?

　　　意味 ～と…ではどちらのほうが好きですか。

　　　語順 Which[What] ～ do[does] 主語 like (the) best?

　　　意味 どの[何の]～がいちばん好きですか。

> better than の前に，より好きなほうの名詞が入るよ。

♪A27 (1) I like winter ＿＿＿＿＿＿ ＿＿＿＿＿ summer.

　　　私は夏より冬のほうが好きです。

(2) I like winter ＿＿＿＿＿＿＿＿ of all seasons.

　　　私はすべての季節の中で冬がいちばん好きです。

(3) ＿＿＿＿＿＿ do you like ＿＿＿＿＿, summer

　　or winter?

　　　夏と冬ではどちらのほうが好きですか。

> (3)「AとBでは」と2つのものを比べてたずねるときは，AとBを or でつないで表すんだね。

(4) What sport does he like ＿＿＿＿＿

　　＿＿＿＿＿ ?

　　　彼は何のスポーツがいちばん好きですか。

　　　— He likes tennis ＿＿＿＿＿ ＿＿＿＿＿.

　　　彼はテニスがいちばん好きです。

> (3)(4) 限られた範囲の中から選べる質問のときは which，範囲が決められていないものの中から選ぶ質問のときは what を使ってたずねるよ。

> ここで学んだ内容を次で確かめよう！

31

問題 を解こう

 100点 30分

1 次の文の　　に（　）内の語を適する形にかえて書きなさい。　　2点×5（10点）

(1) This bridge is ＿＿＿＿＿ than that one. （ long ）

(2) Mt. Fuji is the ＿＿＿＿＿ mountain in Japan. （ high ）

(3) Your watch is ＿＿＿＿＿ than mine. （ nice ）

(4) This box is the ＿＿＿＿＿ of all. （ big ）

(5) She gets up ＿＿＿＿＿ than her mother. （ early ）

2 次の文の　　に，of，in のうち適する語を書きなさい。　　2点×4（8点）

(1) My father came home latest ＿＿＿＿＿ my family.

(2) He is the youngest ＿＿＿＿＿ all.

(3) That picture is the most famous ＿＿＿＿＿ the three.

(4) This park is the largest ＿＿＿＿＿ our city.

3 日本文に合うように，　　に適する語を書きなさい。　　3点×9（27点）

(1) 私はクラスでいちばん速く走ることができます。

I can run the ＿＿＿＿＿ my class.

(2) この本はあの本ほどおもしろくありません。

This book is ＿＿＿＿＿ interesting as that one.

(3) あなたの絵が5枚の中でいちばん美しいです。

Your picture is the ＿＿＿＿＿ of the five.

(4) 8月は9月よりも暑いです。

August is ＿＿＿＿＿ September.

(5) ケビンは私の姉と同じくらいの身長です。

Kevin is ＿＿＿＿＿ as my sister.

(6) 私はスキーがいちばん好きです。

I like skiing ＿＿＿＿＿ .

(7) この車は私の父のものよりも高価です。

This car is ＿＿＿＿＿ than my father's.

(8) あなたは緑色と黄色ではどちらが好きですか。―― 私は黄色のほうが好きです。

＿＿＿＿＿ do you like better, green ＿＿＿＿＿ yellow?

― I like yellow ＿＿＿＿＿ .

(9) 私はあなたほどじょうずに歌えません。

I ＿＿＿＿＿ sing as ＿＿＿＿＿ as you.

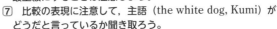
4 次の文を（　）内の指示にしたがって書きかえなさい。　　　5点×3（15点）

⑴　This temple is not as old as that one.　（new を使って同じ内容の文に）

⑵　That movie is exciting.　（「すべての中でいちばんわくわくします」という文に）

⑶　I like <u>tennis</u> the best.　（下線部をたずねる疑問文に）

5 （Write）絵を見て，それぞれの人物になったつもりで，次の質問に答えなさい。　5点×2（10点）

⑴　Which do you like better, cats or dogs?

⑵　What subject do you like the best?

6 （Read）由香(Yuka)とマイク(Mike)が好きな食べ物について話しています。対話の内容と
合うものには〇を，異なるものには×を書きなさい。　　　6点×3（18点）

> *Yuka:*　What food do you like the best, Mike?
>
> *Mike:*　I like sushi the best.　It's really delicious.　How about you, Yuka?
>
> *Yuka:*　I like sushi, too.　But I like tempura better than sushi.　My mother
> 　　　　cooks tempura very well.
>
> *Mike:*　Sounds nice!　I want to cook it, too.

⑴　マイクのいちばん好きな食べ物はすしである。　　　　　　　　（　　　）

⑵　由香の母がいちばん好きな食べ物はてんぷらである。　　　　　（　　　）

⑶　マイクはじょうずにてんぷらを作ることができる。　　　　　　（　　　）

♪L07 7 （Listen）音声を聞いて，内容に合う絵を**ア**～**ウ**から選び，〇をつけなさい。　6点×2（12点）

⑴

⑵

7日目はここまで！

33

音声

「～される」を表す受け身と，過去とつながりのある現在の状態を表す現在完了を学ぶよ。

解答 ▶ p.16～17

要点 を確認しよう　攻略のカギ🗝️ を読み，空所に英語を書こう。🎤 完成した英文を音読しよう。

攻略のカギ❶　受け身の文

〈be 動詞＋過去分詞〉で「…される」という意味を表す。「だれによって」されるのかを表すときには by ～をつける。規則動詞の過去分詞は，語尾に −ed, −d をつけた形で，不規則動詞は動詞によって不規則に変化する。

▶現在の受け身の文　語順　主語　be 動詞(am / are / is)　過去分詞 ～.
　　　　　　　　　　意味　～は…されます。

▶過去の受け身の文　語順　主語　be 動詞(was / were)　過去分詞 ～.
　　　　　　　　　　意味　～は…されました。

▶助動詞の受け身の文　語順　主語　助動詞　be　過去分詞 ～.

♪A28 (1) This room ＿＿＿＿＿＿＿＿＿＿ by him.

この部屋は彼によってそうじされます。

(2) This room ＿＿＿＿＿＿＿＿＿＿ by him.

この部屋は彼によってそうじされました。

(2) 過去の文では，be 動詞 の過去形 was / were を使うんだね。

(3) This room ＿＿＿＿＿＿＿＿＿ cleaned by him.

この部屋は彼によってそうじされるでしょう。

(4) Many stars ＿＿＿＿ be ＿＿＿＿ from here.

たくさんの星がここから見られます。

(3)(4) 助動詞 のあとの be 動詞 は必ず原形の be になるよ。

不規則動詞の過去分詞

be → been　　build → built
see → seen　　take → taken
過去分詞(不規則動詞)の作り方は p.40参照。

攻略のカギ❷　受け身の否定文・疑問文

▶否定文　語順　　主語　be 動詞　not　過去分詞 ～.
▶疑問文　語順　Be 動詞　主語　過去分詞 ～?

1日目で学んだ be 動詞 の否定文・疑問文の作り方と同じだね！

♪A29 (1) This computer ＿＿＿＿＿＿＿＿ by Sam.

このコンピューターはサムによって使われます。

(2) This computer ＿＿＿＿＿＿＿＿ by Sam.

このコンピューターはサムによって使われません。

(3) ＿＿＿＿＿＿ this computer ＿＿＿＿＿＿ by Sam?

このコンピューターはサムによって使われますか。

(3) 疑問文に対して
〇の場合は
Yes, 主語 be 動詞 .
×の場合は
No, 主語 be 動詞 not .
で答えるよ。

— No, it ＿＿＿＿＿＿ .

いいえ，使われません。

攻略のカギ❸　現在完了の3用法

現在完了は〈have[has]＋過去分詞〉で表し，3つの用法がある。

(語順)　主語 have[has] 過去分詞 ～.

▶継続用法　(意味) ずっと～しています。

▶経験用法　(意味) (今までに)～したことがあります。

▶完了用法　(意味) ～したところです[してしまいました]。

> 経験用法で「～へ行ったことがあります。」は，主語 have[has] been to ～. で表すよ。

♪A30　(1) I ＿＿＿＿＿＿ ＿＿＿＿＿＿ in Kyoto for two years.

私は2年間ずっと京都に住んでいます。

(2) I ＿＿＿＿＿＿ ＿＿＿＿＿＿ the book before.

私は以前，その本を読んだことがあります。

(3) I ＿＿＿＿＿ just ＿＿＿＿＿ at the station.

私はちょうど駅に着いたところです。

(4) He ＿＿＿＿＿ ＿＿＿＿＿ to Canada twice.

彼は2回カナダへ行ったことがあります。

(5) ＿＿＿＿＿ ＿＿＿＿＿ basketball since 2010.

私たちは2010年からバスケットボールをしています。

よく使われる語句

継続	for ＋期間 for a month（1か月間） since ＋始まりの時期 since 2020（2020年から）
経験	回数などを表す語句 once（1回），twice（2回）， ～ times（～回），before（前に）
完了	動作の完了を強調する語 just（ちょうど）， already（すでに）

主語＋have[has]の短縮形

I have = I've　　you have = you've
we have = we've
they have = they've
he has = he's　　she has = she's
it has = it's

攻略のカギ❹　現在完了の否定文・疑問文

▶否定文 (語順)　　　　　　主語 have[has] not 過去分詞 ～.

▶疑問文 (語順)　Have[Has] 主語　　　　　　過去分詞 ～?

> 経験用法の否定文では，not の代わりに never（一度も～ない）がよく使われるよ。

♪A31　(1) I ＿＿＿＿＿＿ ＿＿＿＿＿＿ met Jane.

私はジェーンに会ったことがありません。

(2) ＿＿＿＿＿ you ever ＿＿＿＿＿ Jane?

あなたはこれまでにジェーンに会ったことがありますか。

(3) He ＿＿＿＿＿＿＿＿＿＿＿ his homework yet.

彼はまだ宿題を終えていません。

(4) ＿＿＿＿＿ Ken ＿＿＿＿＿ busy for a week?

健は1週間ずっと忙しいのですか。

— No, he ＿＿＿＿＿＿＿＿＿＿＿.

いいえ，忙しくしていません。

(5) They ＿＿＿＿＿ ＿＿＿＿＿ visited the museum.

彼らはその博物館を一度も訪れたことがありません。

> (3) yet は完了用法でよく使われる語。否定文では「まだ」，疑問文では「もう」の意味になるよ。

have・has と not の短縮形

have not = haven't
has not = hasn't

> (4) 助動詞 の疑問文に対する答え方と同じだよ。
> 〇の場合は
> Yes, 主語 have[has].
> ×の場合は
> No, 主語 have[has] not.

> ここで学んだ内容を次で確かめよう！

問題 を解こう

100点

1 次の文の＿＿に（ ）内の語を適する形にかえて書きなさい。　　　2点×6 (12点)

(1) My brother has ＿＿＿＿＿＿ English for three years. （ study ）

(2) This letter was ＿＿＿＿＿ by Amy. （ write ）

(3) He has already ＿＿＿＿＿＿ home. （ leave ）

(4) The bird was ＿＿＿＿＿ in New Zealand. （ find ）

(5) Have you ever ＿＿＿＿＿ a Japanese movie? （ see ）

(6) She hasn't ＿＿＿＿＿ that book yet. （ read ）

2 次の対話が成り立つように，＿＿に適する語を書きなさい。　　　3点×4 (12点)

(1) *A:* Is this song known by many children?

    B: Yes, ＿＿＿＿＿＿ ＿＿＿＿＿＿ .

(2) *A:* Has he practiced the piano yet?

    B: No, ＿＿＿＿＿＿ ＿＿＿＿＿＿ .

(3) *A:* Were those pictures taken by Takuya?

    B: No, ＿＿＿＿＿＿ ＿＿＿＿＿＿ .

(4) *A:* How long have you used the bike?

    B: ＿＿＿＿＿＿ used it ＿＿＿＿＿＿ last year.

3 日本文に合うように，＿＿に適する語を書きなさい。　　　3点×7 (21点)

(1) 私は一度その山を登ったことがあります。

    I have ＿＿＿＿＿ the mountain ＿＿＿＿＿ .

(2) ブラジルでは何語が話されていますか。

    What language ＿＿＿＿＿ ＿＿＿＿＿ in Brazil?

(3) 1週間ずっと晴れていません。

    It ＿＿＿＿＿ ＿＿＿＿＿ sunny for a week.

(4) あなたはその知らせをもう聞きましたか。

    Have you ＿＿＿＿＿ the news ＿＿＿＿＿ ?

(5) これらの小説は当時，日本では知られていませんでした。

    These novels ＿＿＿＿＿ ＿＿＿＿＿ in Japan at that time.

(6) 彼女はちょうど朝食を食べたところです。

    ＿＿＿＿＿ just ＿＿＿＿＿ breakfast.

(7) この本は世界中で売られるでしょう。

    This book ＿＿＿＿＿ ＿＿＿＿＿ sold all over the world.

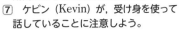

④ (3) for five years は期間を表すね。
期間をたずねる疑問詞は何かな？
⑦ ケビン（Kevin）が，受け身を使って
話していることに注意しよう。

4 次の文を（　）内の指示にしたがって書きかえなさい。　　　　　　6点×4（24点）

(1) This cake was made by Yuta. （疑問文に）

(2) I have already done my homework. （yet を使って否定文に）

(3) He has played the guitar <u>for five years</u>. （下線部をたずねる疑問文に）

(4) We can see <u>many flowers</u> in the park. （下線部を主語にした受け身の文に）

5 メモを見て，由香になったつもりで，自分のことを紹介する英文を書きなさい。

5点×2（10点）

○○○○○○○○○○○○
自己紹介メモ（由香）
(1) 奈良に10年間住んで
いる
(2) オーストラリアに2回
行ったことがある

(1) _____

(2) _____

6 ビル（Bill）と亜矢（Aya）がみどり動物園（Midori Zoo）について話しています。あとの
問いに日本語や数字で答えなさい。　　　　　　5点×3（15点）

Bill: Midori Zoo is visited by a lot of people every day.
Aya: Yes. We can see pandas there. They are cute and loved by everyone.
Bill: I have been there three times but I haven't seen the pandas yet.
Aya: Oh, then let's go together. They can be seen from ten in the morning.
Bill: Sounds good!

(1) ビルはみどり動物園に何回行ったことがありますか。　　　　　（　　）回

(2) ビルがみどり動物園で見たことがない動物は何ですか。　　（　　　　　　）

(3) みどり動物園では，(2)の動物を何時から見ることができますか。　午前（　　）時

♪L08 **7** 音声を聞いて，内容に合うように，空所に適する英語を書きなさい。　　（6点）

Kevin's father _____ a _____ to Kevin.

8日目 はここまで！

37

動詞や名詞などの変化形を整理して覚えるよ！

動詞の語形変化

● 3人称単数・現在形の作り方

	3単現の形の作り方	例
基本	–s をつける	play ➡ plays like ➡ likes
s, o, x, sh, ch で終わる動詞	–es をつける	go ➡ goes watch ➡ watches
〈* 子音字＋y〉で終わる動詞 * 子音字…a, i, u, e, o 以外のアルファベット	y を i にかえて –es をつける	study ➡ studies try ➡ tries
不規則に変化する		have ➡ has

3人称単数とは，I（私）と you（あなた）以外の1人の人[1つのもの]のことをいうよ。

she（彼女），he（彼），it（それ）… Tom（トム）も3人称単数だね！

● ing 形の作り方

	ing 形の作り方	例
基本	–ing をつける	do ➡ doing play ➡ playing watch ➡ watching
e で終わる動詞	e をとって –ing をつける	use ➡ using make ➡ making
〈* 短母音＋子音字〉で終わる動詞 * 短母音…短い[ア], [イ], [ウ], [エ], [オ]の音	子音字を重ねて –ing をつける	run ➡ running swim ➡ swimming

● 過去形・過去分詞の作り方（規則動詞）

	過去形・過去分詞の作り方	例
基本	–ed をつける	play ➡ played visit ➡ visited
e で終わる動詞	–d をつける	use ➡ used like ➡ liked
〈子音字＋y〉で終わる動詞	y を i にかえて –ed をつける	study ➡ studied carry ➡ carried
〈短母音＋子音字〉で終わる動詞	子音字を重ねて –ed をつける	stop ➡ stopped

名詞の複数形

● 名詞の複数形の作り方

語尾	複数形の作り方	例
多くの場合	-s をつける	book ➡ books dog ➡ dogs
s, x, sh, ch で終わる場合	-es をつける	bus ➡ buses dish ➡ dishes
〈子音字＋y〉で終わる場合	y を i にかえて -es をつける	city ➡ cities
f, fe で終わる場合	f, fe を v にかえて -es をつける	leaf ➡ leaves life ➡ lives

● 不規則に変化する名詞

man ➡ men   woman ➡ women   foot ➡ feet   child ➡ children など

● 数えられない名詞…数えられないので複数形はない。

water（水）   money（お金）   paper（紙）   time（時間） など

形容詞・副詞の比較級と最上級

● 規則変化①…つづりの短い語は，ふつう語尾に -er, -est をつける。

原級の語尾	比較級・最上級の作り方	例
基本	-er, -est をつける	small — smaller — smallest
e で終わる場合	-r, -st をつける	large — larger — largest
〈子音字＋y〉で終わる場合	y を i にかえて -er, -est をつける	easy — easier — easiest
〈短母音＋子音字〉で終わる場合	子音字を重ねて -er, -est をつける	big — bigger — biggest

● 規則変化②…比較的つづりの長い語は，原級の前に more, most を置く。

原級	比較級	最上級
beautiful(美しい)	more beautiful	most beautiful
slowly(ゆっくりと)	more slowly	most slowly

● 不規則に変化する形容詞・副詞

原級	比較級	最上級
good(じょうずな) / well(じょうずに)	better	best
many(たくさんの(数)) / much(たくさんの(量))	more	most

ハイッ

原形	意味	現在形	過去形	過去分詞	ing 形
A-B-C 型（原形，過去形，過去分詞が違う形）					
be	〜である	am / is / are	was / were	been	being
do	する	do / does	did	done	doing
eat	食べる	eat(s)	ate	eaten	eating
give	与える	give(s)	gave	given	giving
go	行く	go(es)	went	gone	going
see	見る	see(s)	saw	seen	seeing
speak	話す	speak(s)	spoke	spoken	speaking
swim	泳ぐ	swim(s)	swam	swum	swimming
take	取る	take(s)	took	taken	taking
write	書く	write(s)	wrote	written	writing
A-B-B 型（過去形と過去分詞が同じ形）					
buy	買う	buy(s)	bought	bought	buying
get	得る	get(s)	got	got / gotten	getting
have	持っている,食べる	have / has	had	had	having
hear	聞く	hear(s)	heard	heard	hearing
leave	出発する	leave(s)	left	left	leaving
make	作る	make(s)	made	made	making
say	言う	say(s)	said	said	saying
teach	教える	teach(es)	taught	taught	teaching
tell	話す，伝える	tell(s)	told	told	telling
think	思う	think(s)	thought	thought	thinking
A-B-A 型（原形と過去分詞が同じ形）					
come	来る	come(s)	came	come	coming
run	走る	run(s)	ran	run	running
A-A-A 型（原形，過去形，過去分詞が同じ形）					
cut	切る	cut(s)	cut	cut	cutting
read	読む	read(s)	read[réd]	read[réd]	reading

コーチと入試対策！

8日間 完成

中学1・2年の総まとめ

英語

解答と解説

p.18〜19は
「ふりかえりシート」
だよ！

 「解答と解説」は
取りはずして使おう！

1日目 be動詞・一般動詞

要点 を確認しよう　p.6〜7

攻略のカギ❶　be動詞　(1) am　(2) am, not　(3) Are, you, not　(4) wasn't　(5) Were, they

攻略のカギ❷　There is[are] 〜.　(1) There, is　(2) are, not　(3) Are, there

問題 を解こう　p.8〜9

1 (2) 主語が Rie（3人称単数）なので be動詞は is を使う。

(3) yesterday があるので過去の文。主語が You なので were を使う。

(4) There is[are] 〜. の過去の文。「〜」が単数なので was を使う。

(5) play the piano「ピアノをひく」

(6) last week があるので，過去形の bought を選ぶ。

(9) 過去の疑問文なので Did を使う。

2 (1) 主語が You なので be動詞は are。

(2) 過去の疑問文なので Is を Was にする。

(3) be動詞の否定文は be動詞のあとに not を置く。
are not の短縮形 → aren't

(4) 一般動詞の現在の疑問文で主語が you のときは，Do を文の最初に置く。答えるときも do を使う。

3 (1)「彼女は私の学校の数学の先生です」→「彼女は私の学校で数学を教えています」

(2)「彼らはとてもじょうずに野球をします」→「彼らはとてもじょうずな野球選手です」

⚠**注意** この good は「じょうずな」という意味。

(3) ☆**重要**「A には B がある」は〈A have[has] B.〉でも〈There is[are] B in A.〉でも表すことができる。

---

1 次の文の（　）内から適する語を選び，記号を○で囲みなさい。　2点×9 (18点)

(1) I（ ア is　**イ am**　ウ are ）from Kyoto.

(2) Rie（**ア is**　イ am　ウ are ）in the brass band.

(3) You（ ア are　**イ were**　ウ was ）in the aquarium yesterday.

(4) There（ ア is　イ were　**ウ was** ）a big tree near my house ten years ago.

(5) I（**ア play**　イ plays　ウ did ）the piano on Saturdays.

(6) He（ ア buy　イ buys　**ウ bought** ）a bag last week.

(7) My father（ ア isn't　イ don't　**ウ doesn't** ）watch TV.

(8) （**ア Is**　イ Am　ウ Are ）Yuta busy now?

(9) （ ア Do　イ Does　**ウ Did** ）you go shopping yesterday?

2 次の文を（　）内の指示にしたがって書きかえるとき，＿＿に適する語を書きなさい。　4点×4 (16点)

(1) I am on the tennis team.（下線部を You にかえて）
You ___are___ on the tennis team.

(2) Is he a soccer player now?（下線部を last year にかえて）
___Was___ he a soccer player last year?

(3) There are some parks near the station.（否定文に）
There ___aren't___ any parks near the station.

(4) You have a black umbrella.（疑問文にして，答える文も）
___Do___ you have a black umbrella? — Yes, I ___do___.

3 各組の文がほぼ同じ内容を表すように，＿＿に適する語を書きなさい。　4点×4 (16点)

(1) She is a math teacher at my school.
She ___teaches___ math at my school.

(2) They play baseball very well.
They ___are___ very good baseball ___players___.

(3) A week has seven days.
___There___ ___are___ seven days in a week.

(4) My favorite subject is English.
I ___like___ English very much.

実力アップ！　There is[are] のあとに続く名詞

There is[are] 〜. の「〜」には，はじめて話題に出る人やものを表す名詞（a pen, some girls など）が入るよ。特定のものを表す名詞（my pen, these girls など）はふつう入らないよ。

◯ There is a pen on the desk.
✕ There is my pen on the desk.

攻略のカギ❸　一般動詞　(1) speak　(2) play　(3) likes　(4) gets　(5) visited　(6) came

攻略のカギ❹　一般動詞の否定文・疑問文　(1) does, not　(2) Does, like, doesn't　(3) Did, run, did

---

4 日本文に合うように，〔　〕内の語(句)を並べかえなさい。　　　5点×3 (15点)

(1) あなたは昨日，忙しかったですか。

〔 you / were / busy 〕yesterday?

　　Were you busy　　　　　　　　　　　　 yesterday?

(2) 私のおじは東京に住んでいません。

〔 Tokyo / in / my uncle / live / doesn't 〕.

　　My uncle doesn't live in Tokyo.

(3) ケイトは昨夜，早く寝ました。

Kate 〔 went / night / bed / early / last / to 〕.

Kate　　went to bed early last night　　　　　　 .

5 📝 メモを見てどちらかの質問を選び，「あなたは～ですか」とたずねる英文を書きなさい。

　　　　　　　　　　　　　　　　　　　　　　　　　　　　　　　(5点)

〈名前〉Nakata Kumi?

〈部活動〉テニス部?

　　　　　　(例) Are you Nakata Kumi?

6 📖 健(Ken)が家族の紹介をしています。次の問いに日本語で答えなさい。　6点×3 (18点)

There are four people in my family.　My father is a teacher.　He teaches
ぼくは4人家族です。　　　　　　　　ぼくの父は先生です。　　彼は高校で数
math at a high school.　My mother is good at cooking.　Her curry is delicious.
学を教えています。　　　ぼくの母は料理が得意です。　　彼女のカレーはおいしいです。
I have a sister.　Her name is Saki.　She likes badminton very much.
ぼくには1人の妹がいます。　彼女の名前は早紀です。　彼女はバドミントンが大好きです。

(1) 健の家族は健を含めて何人ですか。　　　　　　　(　　　4人　　　)

(2) 健の父の職業は何ですか。　　　　　　　　　　　((数学の)先生[教師])

(3) 健の妹は何が好きですか。　　　　　　　　　　　(　バドミントン　)

7 🔊 音声を聞いて，(1)由香と(2)明が好きではないものをア～ウから選び，記号で答えなさい。

　　　　　　　　　　　　　　　　　　　　　　　　　　　　　6点×2 (12点)

(1) **ア** 英語　**イ** 数学　**ウ** 理科　　　　　　　　　　(　イ　)

(2) **ア** ピザ　**イ** すし　**ウ** スパゲッティ　　　　　　(　ア　)

---

4 (1) 疑問文なので，were を主語
you の前に出す。

(2) 〈主語＋does not[doesn't]＋動
詞の原形 ～.〉の形を使う。

(3) ⚠ **注意** 過去の文なので go to
bed「寝る」の過去形 went to
bed を使う。

5 「あなたは～ですか」は Are you
～? で表す。「あなたは中田久美で
すか」とすればよいので，Are
you Nakata Kumi? となる。

➡ **別解** 部活動がテニス部かどう
かをたずねる場合は，Are you on
the tennis team? となる。

be on ～ team「～部である」

6 (1) 1文目参照。4人家族であるこ
とがわかる。

(2) 2文目参照。健の父は教師であ
ることがわかる。

(3) 最後の文参照。She は健の妹の
Saki を指す。

---

7 🔊 **放送文**　(1) *Paul:*　Do you like science, Yuka?

　　　　　　　　　　　Yuka:　Yes, I do.　But I don't like math.

　　　　　　　　　(2) *Jane:*　Do you like pizza, Akira?

　　　　　　　　　　　Akira:　No, I don't.　I don't like it.　I like spaghetti.

・**放送文全訳**・ (1)ポール　：きみは理科が好き，由香？

　　　　　　　由香　：うん，好きだよ。でも数学は好きではないよ。

　　　　　　(2)ジェーン：あなたはピザが好き，明？

　　　　　　　明　　：ううん。それは好きではないんだ。ぼくはスパゲッティが好きだよ。

2日目 名詞・代名詞・疑問詞など

要点 を確認しよう　p.10〜11

攻略のカギ❶　名詞　(1) a [one]　(2) an [one]　(3) students　(4) boxes　(5) The
攻略のカギ❷　代名詞　(1) him, his　(2) hers　(3) This, That

問題 を解こう　p.12〜13

1 (1) 直後の名詞が countries と複数形になっているので two が適切。

(2) ☆重要 piano や guitar などの「(楽器を)演奏する」というときには, ふつう楽器の前に the をつける。

(3) 「私のもの」という意味を表す所有代名詞 mine を使う。

(4) 「彼の」は人称代名詞 his で表す。he(彼は[が]) — his(彼の) — him(彼を[に])

(5) あとに続く名詞が複数形なので, Those「あれら」を選ぶ。

(6) 「〜だから」と理由を表す because で答えているので, 「なぜ」を意味する Why が適切。

(7) 「(月・季節・年) 〜に」は前置詞 in を使う。

(8) 「(場所)〜へ」は前置詞 to を使う。

(9) 「もし〜ならば」と条件を表す If を選ぶ。

2 (1) 直後は単数名詞なので冠詞は a。

(2) child「子ども」の複数形は children。

(3) 「私たちの」は our。「彼らのもの」は所有代名詞 theirs。

(4) 「だれ」を表す疑問詞は who。

(5) 「どのように」を表す疑問詞 how を使う。
　⚠注意 「〜で」と交通手段を表すときは前置詞 by を使う。

(6) 「〜の前に」は前置詞 before。

(7) 文の前半が文の後半の理由になっているので, 「だから」という意味の接続詞 so を使う。

---

1 次の文の( )内から適する語を選び, 記号を○で囲みなさい。　2点×10(20点)

(1) My brother visited (ア a　イ an　**ウ** two) countries last year.

(2) Can you play (ア a　イ an　**ウ** the) piano?

(3) Whose notebook is this? — It's (ア my　イ me　**ウ** mine).

(4) Did Jun help (ア he　イ his　**ウ** him) father yesterday?

(5) (ア This　イ That　**ウ** Those) are my pictures.

(6) (**ア** Why　イ How　ウ Which) do you like the book?
　— Because it's interesting.

(7) We have a lot of snow (ア at　イ on　**ウ** in) winter.

(8) Amy often goes (ア in　**イ** to　ウ at) the museum.

(9) (**ア** If　イ When　ウ Because) it's sunny tomorrow, we will go camping.

(10) She was sick, (**ア** but　イ or　ウ so) she went to school yesterday.

2 日本文に合うように, ＿＿＿に適する語を書きなさい。　4点×8(32点)

(1) 私は野球選手になりたいです。
I want to be ___a___ baseball player.

(2) 公園にはたくさんの子どもたちがいました。
There were many ___children___ in the park.

(3) これは私たちのボールではありません。それは彼らのものです。
This is not ___our___ ball. It's ___theirs___.

(4) だれがあなたの昼食を作りましたか。 — 私の父が作りました。
___Who___ cooked your lunch?
— My father did.

(5) 健はどのように学校に来ますか。— バスで来ます。
___How___ does Ken come to school?
— ___By___ bus.

(6) 彼は夕食前に宿題をします。
He does his homework ___before___ dinner.

(7) 私は忙しかったので, テレビを見ることができませんでした。
I was busy, ___so___ I couldn't watch TV.

(8) もしあなたがひまなら, 私に電話をかけてください。
Please call me ___if___ you are free.

実力アップ! 　a と the の使い分け

a は「(ある) 1つの」とはじめて話題にするような不特定の1つのものを表し, the は話し手も聞き手もそれとわかる, 特定できるものを表すよ。また, 太陽のように1つしかないものにも the をつけるんだ。
例：a cat「(ある) 1匹のネコ」
　　the sun「太陽」

攻略のカギ❸　疑問詞　⑴ Who　⑵ When　⑶ Where　⑷ What, time　⑸ How, many

攻略のカギ❹　前置詞と接続詞　⑴ at　⑵ in　⑶ or　⑷ When

3 日本文に合うように，〔　〕内の語を並べかえなさい。　　　5点×3 (15点)

⑴ リサは何語を話すことができますか。

〔 language / Lisa / can / what / speak 〕?

What language can Lisa speak?

⑵ 私は 1 つの卵と牛乳がほしいです。

〔 an / I / and / egg / want 〕 milk.

I want an egg and _____ milk.

⑶ 雨だったので，私たちはサッカーをしませんでした。

〔 play / was / we / because / rainy / didn't / it / soccer 〕.

We didn't play soccer because it was rainy.

4 メモを見て，ケイトに質問する英文を書きなさい。　　　(5点)

ケイトについて
1. 年齢　　：（　　　）
2. 好きな教科：（　　　）

1. How old are you?

2. （例）What subject do you like?

5 理恵(Rie)とビル(Bill)がそれぞれの兄弟[姉妹]について話しています。下線部①，②の具体的な内容を，それぞれ日本語で書きなさい。　7点×2 (14点)

Rie:　Bill, you have a brother, right?　What does he like?
ビル，あなたはお兄さんがいるんだよね。彼は何が好き？
Bill:　He likes music.　He can play the guitar.　He practices ①it every day.
彼は音楽が好きだよ。彼はギターをひくことができるんだ。彼はそれを毎日練習するよ。
　　　How about you, Rie?　Do you have any brothers or sisters?
きみはどう，理恵？　きみは兄弟か姉妹はいる？
Rie:　I have two sisters.　②They like cooking very much.
私は姉妹が2人いるよ。　　彼女たちは料理がとても好きだよ。

①（　　ギター　　）　②（ 理恵の(2人の)姉妹 ）

6 音声を聞いて，内容に合う絵を**ア〜ウ**から選び，〇をつけなさい。　7点×2 (14点)

⑴　ア　　イ　　ウ　　　　　　ア　　イ　　ウ

---

3 ⑵ egg は数えられる名詞なので，an をつける。milk は数えられない名詞。

⚠注意 a, i, u, e, o の音で始まる名詞の前は a ではなく an にする。

⑶ ⚠注意 語群に「,」(コンマ)がないので，〈主語＋動詞 ... ＋because＋主語＋動詞 〜.〉の形にする。

4 「何の教科が好きですか」とたずねる文は「何の教科」を表す What subject を文の最初に置き，あとに一般動詞の疑問文の語順を続ける。

➡別解 「いちばん好きな，お気に入りの」という意味の形容詞 favorite を使って What is [What's] your favorite subject?「あなたのいちばん好きな教科は何ですか」としてもよい。

5 ① 直前の文の the guitar を指す。

② They「彼ら[彼女ら]は，それらは」は複数の人やものを表す人称代名詞。ここでは two sisters を指す。

---

6 🔊放送文　⑴ *Kevin:*　What time do you usually get up?

Yuka:　I get up at seven.

⑵ *Aya:*　Are these shoes yours, Paul?

Paul:　No, Aya.　They are my brother's.

・放送文全訳・　⑴ ケビン：きみはたいてい何時に起きるの？

由香　　：私は7時に起きるよ。

⑵ 亜矢　　：これらの靴はあなたのもの，ポール？

ポール：ううん，亜矢。それらはぼくの弟のものだよ。

3日目 進行形・未来を表す文

要点 を確認しよう　p.14～15

攻略のカギ❶　進行形　(1) is, studying　(2) was, studying　(3) I'm, making

攻略のカギ❷　進行形の否定文・疑問文　(1) is, not　(2) Is, playing　(3) weren't, listening
(4) Are, using　(5) What, doing, was, watching

問題 を解こう　p.16～17

1 (1) 主語が Bill で 3 人称単数なので，be 動詞は is を使う。

(3) （　）の直後に be 動詞の原形である be があることから，助動詞 will が適切。

(4) 進行形の疑問文は，be 動詞を主語の前に置く。主語が you なので，Were を選ぶ。

(5) 〈be going to ＋動詞の原形 ～〉の形にする。主語が Ken and Kate で複数なので，be 動詞は are を使う。

(8) ☆重要 be going to ～ の疑問文で What や Where などの疑問詞を使うときには，疑問詞で始めて疑問文の語順を続ける。

(9) then は「そのとき」という意味。過去進行形にする。was not の短縮形→ wasn't。

(10) now「今」があることから，isn't を選んで現在進行形の否定文を作る。

2 (2) 過去進行形の文で，主語が Takuya and I と複数なので，be 動詞は were が適切。

(3) 「～するつもりですか」と未来についてたずねる疑問文を作る。空所の数から助動詞 will を使う。

(4) ⚠注意 will not の短縮形
→ won't

(6) ⚠注意 run の ing 形は n を重ねて -ing をつける。

---

1 次の文の（　）内から適する語を選び，記号を○で囲みなさい。　2点×10(20点)

(1) Bill (ア **is**　イ are　ウ were) walking with his mother.

(2) I'm (ア are　イ **going**　ウ will) to get up at seven.

(3) My brother (ア is　イ **will**　ウ going) be twelve years old tomorrow.

(4) (ア Did　イ Is　ウ **Were**) you sitting on the chair?

(5) Ken and Kate (ア is　イ **are**　ウ will) going to practice tennis next Sunday.

(6) She (ア is　イ **will**　ウ was) be free tomorrow.

(7) What (ア did　イ were　ウ **was**) he doing last night?

(8) Where (ア **are**　イ does　ウ is) you going to visit next week?

(9) I (ア don't　イ won't　ウ **wasn't**) playing baseball then.

(10) Bill (ア **isn't**　イ wasn't　ウ won't) doing his homework now.

2 日本文に合うように，＿＿＿に適する語を書きなさい。　3点×8(24点)

(1) 彼女は来週，ケビンに会う予定ですか。
＿<u>Is</u>＿ she ＿<u>going</u>＿ to meet Kevin next week?

(2) 卓也と私はそのとき，歌を歌っていました。
Takuya and I ＿<u>were</u>＿ ＿<u>singing</u>＿ a song then.

(3) あなたはいつ日本を出発するつもりですか。
When ＿<u>will</u>＿ you ＿<u>leave</u>＿ Japan?

(4) 私は明日，郵便局には行きません。
I ＿<u>won't</u>＿ ＿<u>go</u>＿ to a post office tomorrow.

(5) 私の兄は図書館で本を読んでいます。
My brother ＿<u>is</u>＿ ＿<u>reading</u>＿ a book in the library.

(6) 彼らは公園を走っていませんでした。
They ＿<u>weren't</u>＿ ＿<u>running</u>＿ in the park.

(7) 明は放課後，ギターをひいていましたか。── いいえ，ひいていませんでした。
＿<u>Was</u>＿ Akira ＿<u>playing</u>＿ the guitar after school?
— No, he ＿<u>was</u>＿ ＿<u>not</u>＿.

(8) あなたは今週末，何をするつもりですか。── 私はケーキを作るつもりです。
What ＿<u>are</u>＿ you ＿<u>going</u>＿ to do this weekend?
— ＿<u>I'm</u>＿ ＿<u>going</u>＿ to make a cake.

実力アップ！　be going to ～と will の使い分け

be going to ～と will はどちらも未来を表すけれど，be going to ～は「あらかじめ決めておいた予定」，will は「その場で決めたこと」を表すときに使うよ。

例：**I'm going to visit my uncle this summer.**
　　私は今年の夏，おじを訪ねるつもりです。
　　I'll call you later.　あとであなたに電話します。

攻略のカギ❸　未来 (be going to)　(1) am, going　(2) am, not　(3) Are, going　(4) What, going

攻略のカギ⓭　未来 (will)　(1) will, swim　(2) will, not　(3) Will, swim　(4) won't, come
(5) will, be

---

3 次の文を( )内の指示にしたがって書きかえなさい。　　　　　　6点×3 (18点)

(1) I will be busy tomorrow. （否定文に）
　　I will not[won't] be busy tomorrow.

(2) Jun writes a letter in English. （文末に now を補って現在進行形の文に）
　　Jun is writing a letter in English now.

(3) She's going to study math in the afternoon. （疑問文に）
　　Is she going to study math in the afternoon?

4 メモを見て，理恵(Rie)の明日の予定を伝える英文を，例にならって書きなさい。
　　　　　　　　　　　　　　　　　　　　　　　　　　　　　　　　　　(6点)

明日の予定
朝　　：テニスをする
夕食後：映画を見る

（例）Rie is going to play tennis in the morning.
（例）Rie is going to watch[see] a movie
after dinner.

5 ポール(Paul)と久美(Kumi)が，冬休みの予定について話しています。内容に合うように( )に適する日本語を書きなさい。　　　　6点×3 (18点)

Paul:　What are you going to do this winter vacation?
　　　　きみは今年の冬休みに何をする予定？
Kumi:　I'm going to watch a soccer game with my friends.　How about you?
　　　　私は友達とサッカーの試合を見る予定だよ。　　あなたはどう？
Paul:　I'm going to visit America.　It will be snowy there.
　　　　ぼくはアメリカを訪れる予定だよ。　そこでは雪が降っているだろうね。
Kumi:　Nice!　What will you do there?
　　　　いいね！あなたはそこで何をするつもりなの？
Paul:　I'll ski with my father.
　　　　ぼくはお父さんとスキーをするつもりだよ。

(1) 久美は冬休みに友達と（ サッカーの試合を見る ）予定です。

(2) ポールは冬休みに（　　アメリカ　　）を訪れる予定です。

(3) ポールはお父さんと（ スキーをする ）つもりです。

6 音声を聞いて，内容に合う絵を**ア〜ウ**から選び，○をつけなさい。
　　　　　　　　　　　　　　　　　　　　　　　　　　　　　　7点×2 (14点)

---

3 (1) will の否定文は，will の後ろに not を置いて〈will not[won't] ＋動詞の原形 ～〉の形にする。

(2) 現在進行形の文は，〈be 動詞＋動詞の ing 形 ～〉を使って表す。主語が Jun で 3 人称単数なので be 動詞は is。write は語尾の e をとって -ing をつける。

(3) 〈be going to ＋動詞の原形 ～〉の疑問文は，be 動詞を主語の前に置く。She's は She is の短縮形。

4 明日の予定は〈be going to ＋動詞の原形 ～〉を使って表す。
「映画を見る」watch[see] a movie

5 (1) 久美の最初の発言参照。冬休みの予定を聞かれ，友達とサッカーの試合を見る予定だと答えている。

(2) ポールの 2 番目の発言参照。アメリカを訪れる予定だと答えている。

(3) ポールの 3 番目の発言参照。ski は「スキーをする」という意味の動詞。

---

6 放送文　(1) The dog is sleeping on the bed.

　　　　(2) It was rainy yesterday, but it will be sunny today.

・放送文全訳・　(1) イヌはベッドの上で眠っています。

　　　　　　　　(2) 昨日は雨でしたが，今日は晴れでしょう。

要点 を確認しよう　p.18〜19

攻略のカギ❶　助動詞　(1) can, speak　(2) must, clean　(3) should, help　(4) may, come
(5) has, to

攻略のカギ❷　助動詞の否定文・疑問文　(1) can't[cannot]　(2) Can, swim, can't[cannot]
(3) mustn't, run　(4) doesn't, have　(5) shouldn't, use　(6) Do, have, don't, have

問題 を解こう　p.20〜21

1 (1) ☆重要 「～することができる」と可能を表す助動詞 can を使った文。助動詞のあとの動詞は必ず原形になるので注意。

(2) 「～すべきである」は should を使う。

(3) must not で「～してはいけない」という意味になる。

(4) may, can は「～してもよい」と許可を表す。

(6) ⚠注意 主語が3人称単数のとき、have to は has to になる。

(7) must は「～にちがいない」という強い推量を表すことができる。

2 (1) 上の文は、「私のために夕食を作ってください」という意味。Can[Will] you ～?「～してくれませんか」を使って書きかえる。

(2) 上の文は、「あなたはこの本を読まなければなりません」という意味。have to で書きかえる。

(3) 上の文の Let's ～. は「～しましょう」と相手を誘う表現。Shall we ～?「(いっしょに)～しませんか」で書きかえる。

3 (2) ⚠注意 don't[doesn't] have to ～ は「～しなくてよい」という意味になるので注意。

(3) Shall we ～?「(いっしょに)～しませんか」

---

1 日本文に合うように、＿＿に適する語を書きなさい。　3点×8 (24点)

(1) ケイトはじょうずにピアノをひくことができます。
　Kate ＿＿can＿＿ ＿＿play＿＿ the piano well.

(2) 私たちは熱心に数学を勉強すべきです。
　We ＿＿should＿＿ ＿＿study＿＿ math hard.

(3) あなたは遅れてはいけません。
　You ＿＿must＿＿ ＿＿not＿＿ be late.

(4) 生徒たちはここで泳いでもよいです。
　The students ＿may[can]＿ ＿＿swim＿＿ here.

(5) (私が)写真を撮りましょうか。
　＿＿Shall＿＿ ＿＿I＿＿ take a picture?

(6) 彼女はお母さんを手伝わなければなりません。
　She ＿＿has＿＿ ＿＿to＿＿ help her mother.

(7) 彼は親切にちがいありません。
　He ＿＿must＿＿ ＿＿be＿＿ kind.

(8) 私は市役所に行かなければなりませんか。
　— いいえ、行く必要はありません。
　＿＿Do＿＿ ＿＿I＿＿ ＿＿have＿＿ to go to the City Hall?
　— No, you ＿＿don't＿＿ ＿＿have＿＿ to.

2 各組の文がほぼ同じ内容を表すように、＿＿に適する語を書きなさい。　4点×3 (12点)

(1) Please cook dinner for me.
　＿Can[Will]＿ you cook dinner for me?

(2) You must read this book.
　You ＿＿have＿＿ ＿＿to＿＿ read this book.

(3) Let's go to the park.
　＿＿Shall＿＿ ＿＿we＿＿ go to the park?

3 次の英文を日本語になおしなさい。　4点×3 (12点)

(1) Would you open the door?　ドアを(開けてくださいませんか)。

(2) You don't have to get up early. あなたは(早く起きなくてよいです)。

(3) Shall we go to the museum?　美術館に(行きませんか)。

実力アップ！　**must を使った疑問文への答え方**

must の疑問文に No で答えるときには、don't[doesn't] have to を使うよ。

例：Must I read this book?　私はこの本を読まなければなりませんか。
　— Yes, you must.　はい、読まなければなりません。
　— No, you don't have to.　いいえ、読まなくてよいです。

(1) Can[Will]，you　(2) May[Can]，I　(3) Shall，I
(4) Shall，we　(5) Could[Would]，you

---

4 日本文に合うように，〔 〕内の語(句)を並べかえなさい。　　7点×2 (14点)

(1) あなたはこの通りでは，気をつけるべきです。

〔 should / careful / you / be 〕 on this street.

You should be careful　　　　　　　　　on this street.

(2) ここで靴をぬいでくださいませんか。

〔 you / take off / your / could / shoes 〕 here?

Could you take off your shoes　　　　　　　here?

---

5 表は早紀の今日しなければならないことを表しています。表を見て，例にならって早紀になったつもりで今日しなければならないことを書きなさい。　(8点)

今日しなければならないこと
・フルートの練習
・自分の部屋のそうじ

(例) I have to practice the flute.

(例) I have to[must] clean my room.

---

6 ジェーン(Jane)と卓也(Takuya)が，午後の予定について話しています。対話の内容と合うものを下から2つ選び，記号で答えなさい。　(完答9点)

Jane:	I'm going to go to the post office.　Can you come with me, Takuya?
	私は郵便局に行くつもりなの。 いっしょに来てくれない，卓也？
Takuya:	Sorry, I can't.　I have to go to a bookstore.
	ごめん，できないよ。ぼくは書店に行かないといけないんだ。
Jane:	Oh, it may be rainy in the evening.
	あら，夕方は雨かもしれないよ。
Takuya:	Really?　May I use your umbrella?
	本当？ きみの傘を使ってもいい？
Jane:	Sure.
	いいよ。

ア　ジェーンは郵便局へ行くつもりである。

イ　卓也はスーパーマーケットへ行かなければならない。

ウ　ジェーンと卓也が話しているとき，雨が降っていた。

エ　卓也はジェーンの傘を使ってもよいかたずねた。　　　(ア)(エ)

---

7 音声を聞いて，図書館でしてもよいことには○，してはいけないことには×をつけなさい。　　7点×3 (21点)

(○)　　　　(○)　　　　(×)

---

4 (1)「〜すべきである」は助動詞 should を使って表す。助動詞の後ろには動詞の原形が続くので，be 動詞の原形の be を置く。

(2) Could you 〜?「〜してくださいませんか」はていねいに依頼するときに使う表現。

「(靴など)をぬぐ」take off 〜

5「〜しなければならない」は have to または must を使って表す。どちらもあとに動詞の原形を続ける。

6 ア　ジェーンの最初の発言参照。「私は郵便局に行くつもりです」とあるので正しい。

イ　卓也の最初の発言参照。「ぼくは書店に行かなければなりません」とあるので誤り。

ウ　ジェーンの2番目の発言参照。「夕方は雨かもしれません」とあり，今は降っていないことがわかるので誤り。

エ　卓也の2番目の発言参照。「あなたの傘を使ってもよいですか」とあるので正しい。

---

7 放送文　Welcome to the Wakaba Library.　You can read a lot of books here.　And you may use your computers.　You can drink water, but you must not eat any food.

・放送文全訳・　若葉図書館へようこそ。ここではたくさんの本を読むことができます。そして，自分のコンピューターを使ってもよいです。水を飲むことはできますが，どんな食べ物も食べてはいけません。

5日目 不定詞・動名詞

要点 を確認しよう　p.22~23

攻略のカギ❶　不定詞の3用法　(1) to, play　(2) to, buy[get]　(3) to, do　(4) To, speak　(5) to, hear

攻略のカギ❷　動名詞　(1) playing　(2) making　(3) Running

問題 を解こう　p.24~25

1 (2)〈It is ~ for + 人 + to ....〉で「…することは—にとって~だ」という意味を表す。

(3)「~して」と感情の原因・理由を表す不定詞の副詞的用法。

(4) finish は目的語に動名詞のみをとる動詞。use は e をとって -ing をつける。

2 (1) 空所の数から，不定詞の名詞的用法を使って表す。

(3)〈It is ~ to ....〉の否定文。to ... の動作主を表すときは，〈for + 人〉を to ... の前に置く。

(5) ⚠注意 動名詞は単数扱いなので，be 動詞は is となる。複数形の novels につられて，be 動詞を are としないように注意する。

(6) need to ~「~する必要がある」

(8)「何か冷たい飲み物」は something cold to drink で表す。〈something ＋形容詞＋不定詞〉の語順にすることに注意する。

(9) remember ~ing「~したことを覚えている」

3 (1) forget to ~「~するのを忘れる」

(2) 不定詞の形容詞的用法。to have lunch が直前の名詞 time を修飾している。

(3) stop ~ing「~することをやめる」

(4) try to ~「~しようとする」

(5) forget ~ing「~したことを忘れる」

---

1 次の文の___に（　）内の語を適する形にかえて書きなさい。ただし，1語とは限らない。

2点×5（10点）

(1) Playing[To play] tennis is a lot of fun. （ play ）

(2) It is difficult for me to swim fast. （ swim ）

(3) I'm happy to meet you. （ meet ）

(4) He finished using the computer. （ use ）

(5) Yuki hopes to live in Australia. （ live ）

2 日本文に合うように，___に適する語を書きなさい。

3点×9（27点）

(1) 歌を歌うことは楽しいです。
To sing songs is fun.

(2) 彼らはその店で彼らの先生に会って驚きました。
They were surprised to see their teacher at the store.

(3) その質問に答えるのは，彼にとって簡単ではありません。
It isn't easy for him to answer the question.

(4) 私の姉は，英語を勉強するためにカナダに行きました。
My sister went to Canada to study English.

(5) 海外の小説を読むのはおもしろいです。
Reading foreign novels is interesting.

(6) あなたはチケットを買う必要があります。
You need to buy a ticket.

(7) あの山に登るのは私には大変でした。
It was hard for me to climb that mountain.

(8) 何か冷たい飲み物を買いましょう。
Let's get something cold to drink .

(9) 私は昨年奈良を訪れたことを覚えています。
I remember visiting Nara last year.

3 次の英文を日本語になおしなさい。

4点×5（20点）

(1) My father forgot to take a picture.　私の父は（ 写真を撮り忘れました ）。

(2) Takuya doesn't have time to have lunch.　卓也は（ 昼食を食べる時間がありません ）。

(3) I stopped seeing the movie.　私は（ その映画を見るのをやめました ）。

(4) She tried to make cookies.　彼女は（ クッキーを作ろうとしました ）。

(5) I won't forget going to Okinawa.　私は（ 沖縄へ行ったことを忘れません ）。

実力アップ！　stop ~ing と stop to ~の違い

stop のあとには動名詞が続く場合と不定詞が続く場合があるよ。意味が異なるので，区別して覚えよう。

例：She stopped talking.（目的語）
　　彼女は話すことをやめました。
　　She stopped to talk.（不定詞の副詞的用法）
　　彼女は話すために立ち止まりました。

攻略のカギ❸　不定詞と動名詞 (1) want, to　(2) enjoyed, watching　(3) Remember, to

攻略のカギ❹　It is ～ (for ＋人) to .... (1) It, to　(2) for, her　(3) It's, to

---

4 日本文に合うように，〔　〕内の語(句)を並べかえなさい。　　　　5点×3 (15点)

(1) 彼の仕事は病気の人々を助けることです。

〔 is / his / helping / job 〕 sick people.

His job is helping _____ sick people.

(2) 私は宿題をするために図書館へ行きました。

I went to the library 〔 my homework / to / do 〕.

I went to the library to do my homework _____.

(3) エマ (Emma) にとって日本語を書くことは難しいです。

It is 〔 to / Emma / difficult / for 〕 write Japanese.

It is difficult for Emma to _____ write Japanese.

5 明(Akira)とケイト(Kate)が将来の夢について話しています。それぞれの人物について，「～は…になりたいです」という英文を書きなさい。　　　5点×2 (10点)

(1) 俳優になりたいよ。　Akira　　(2) 教師になりたいな。　Kate

(1) (例) Akira wants to be an actor.

(2) (例) Kate wants to be a teacher.

6 リサ(Lisa)が，行きたい国について話しています。本文の内容と合うものには〇を，異なるものには×を書きなさい。　　　6点×2 (12点)

> I want to go to France.　I want to visit a famous museum there.　We can
> 私はフランスに行きたいです。　　　私はそこで有名な美術館を訪れたいです。　　　私たちは
> see a lot of beautiful pictures there.　I like seeing pictures very much.　We can
> そこでたくさんの美しい絵を見ることができます。私は絵を見ることがとても好きです。私たちは
> also enjoy seeing a drama in the theater.
> 劇場で劇を見ることも楽しめます。

(1) リサはフランスの美術館に行きたい。　　　　　　　　　(○)

(2) リサは写真を撮ることが好きである。　　　　　　　　　(×)

7 音声を聞いて，内容に合うように，空所に適する英語を書きなさい。　　　(6点)

Yuta enjoyed fishing _____ in the river last week.

---

4 (1) 動名詞が文の中で補語になる形。

(2) 「宿題をするために」は to do my homework で表す。

(3) ⚠ **注意** 〈It is ～ (for ＋人) to ....〉 の文にする。「エマにとって」を表す for Emma は to ... の前に置く。

5 「～になりたい」は want to be ～ で表す。主語が3人称単数なので，wants にすることに注意する。

➡ **別解** be の代わりに become を使ってもよい。Akira wants to become an actor. / Kate wants to become a teacher.

6 (1) 2文目参照。I want to visit a famous museum there.「私はそこ(フランス)で有名な美術館を訪れたいです」とあるので正しい。

(2) 4文目参照。I like seeing pictures very much.「私は絵を見ることがとても好きです」と言っているため誤り。「写真を撮る」take pictures は本文中にない。

---

7 ◀)) **放送文**　Hi.　I'm Yuta.

I went to the river last week.

I enjoyed fishing there.

・**放送文全訳**・　こんにちは。ぼくは雄太です。

ぼくは先週，川に行きました。

ぼくはそこで釣りをして楽しみました。

攻略のカギ❶　命令文　(1) Open　(2) Don't, open　(3) Be　(4) Please, write

攻略のカギ❷　第1〜3文型　(1) dances　(2) became　(3) likes　(4) feel

問題 を解こう　　p.28〜29

1 (2)「〜に聞こえる」は sound で表す。Your idea ＝ very interesting の関係なので，第2文型（SVC）の文。

(4)〈find+O+C〉で「O が C とわかる」という意味。第5文型（SVOC）の文。

(5)「〜しないでください」とていねいに言うときは，〈Please don't+動詞の原形 〜.〉の形にする。

2 (1) 第4文型の〈make+O₁+O₂〉「O₁に O₂を作る」を，前置詞 for を使って第3文型に書きかえる。

☆**重要** 第3文型に書きかえるときに使う前置詞は to または for で，動詞によって使い分ける。to を使う動詞には give, show, teach など，for を使う動詞には，make, cook, buy などがある。

(2) must not 〜 で「〜してはいけない」という意味。〈Don't+動詞の原形 〜.〉とほぼ同じ内容を表す。

3 (1)〈call+O+C〉「O を C と呼ぶ」

(2) get well「元気になる」

(3)〈leave+O+C〉で「O を C のままにする」という意味。left は leave の過去形。

(4) May I 〜? は「〜してもよいですか」と相手に許可を求める表現。〈ask+O₁+O₂〉で「O₁に O₂をたずねる」という意味。

---

1 日本文に合うように，　　に適する語を書きなさい。　3点×6 (18点)

(1) 教科書を閉じなさい。
　　Close your textbook.

(2) あなたのアイデアはとてもおもしろく聞こえます。
　　Your idea **sounds** very interesting.

(3) 私はひまなとき，たいてい音楽を聞きます。
　　I usually **listen** to music in my free time.

(4) 理恵はその本が難しいとわかりました。
　　Rie **found** the book **difficult** .

(5) このコンピューターを使わないでください。
　　Please **don't** use this computer.

(6) 私は明日，彼に手紙を送るつもりです。
　　I'll **send** **him** a letter tomorrow.

2 各組の文がほぼ同じ内容を表すように，　　に適する語を書きなさい。　3点×6 (18点)

(1) I'll make you some cookies.
　　I'll **make** some cookies **for** you.

(2) You must not run in the classroom.
　　Don't **run** in the classroom.

(3) My brother showed me the album.
　　My brother **showed** the album **to** me.

(4) She bought beautiful flowers for him.
　　She **bought** **him** beautiful flowers.

(5) Will you wash the dishes?
　　Please **wash** the dishes.

(6) Akira teaches Emma Japanese.
　　Akira **teaches** Japanese **to** Emma.

3 次の英文を日本語になおしなさい。　3点×4 (12点)

(1) Aya calls the cat Tama.　亜矢は（　そのネコをタマと呼びます　）。

(2) He will get well soon.　彼は（　すぐに元気になるでしょう　）。

(3) Saki left the door open.　早紀は（　ドアを開けたままにしました　）。

(4) May I ask you a question?　（　あなたに質問してもよいですか　）。

実力アップ！　「それ (it) を〜に与える」は何と言う？

〈give ＋人＋もの〉は「（人）に（もの）を与える」という意味を表すことを学んだね。実はこの第4文型の文では，「もの」にあたる部分に代名詞は使えないんだ。代名詞を使うときは，前置詞の to を使って第3文型の文にするよ。

○ I gave it to you.　私はそれをあなたにあげました。

× I gave you it.

攻略のカギ❸ 第4文型 (1) gave, her (2) showed, me (3) send, you (4) teaches, us
(5) made, for

攻略のカギ❹ 第5文型 (1) call, me (2) made, us (3) keep, clean (4) named, him

---

4 日本文に合うように、〔 〕内の語(句)を並べかえなさい。 5点×3(15点)

(1) 私たちはそのイヌをポチと名づけるつもりです。
〔 name / we / the dog / will 〕 Pochi.
We will name the dog _____ Pochi.

(2) 私に病院への行き方を教えてください。
〔 me / tell / the way / please 〕 to the hospital.
Please tell me the way _____ to the hospital.

(3) その思い出は彼女を悲しくさせます。
The memory 〔 her / makes / sad 〕.
The memory makes her sad _____ .

5 次の絵を見て、それぞれが意味する内容を、否定の命令文を使って書きなさい。 6点×3(18点)

(1) (例) Don't swim (here).
(2) (例) Don't take pictures (here).
(3) (例) Don't ride a bike (here).

6 ビル(Bill)が自分の姉のジェーン(Jane)についてスピーチをしています。本文の内容と合うものを下から2つ選び、記号で答えなさい。 (完答7点)

I have a sister. Her name is Jane. She is a nurse. She became a nurse two years ago. Yesterday was her birthday. I gave her a bag as a birthday present. My mother and I made a cake for her, too. She looked very happy.

ア ジェーンは医者になりたい。
イ ビルはジェーンにかばんをプレゼントした。
ウ ビルは母といっしょにケーキを作った。
エ ジェーンはとても驚いていた。 (イ)(ウ)

7 音声を聞いて、ケイト(Kate)と卓也(Takuya)の会話の内容に合うように、空所に適する日本語を書きなさい。 6点×2(12点)

(1) ケイトはTシャツを着た卓也を〈 かっこよく見える[かっこいい] 〉と言っている。
(2) 卓也の〈 お父さん 〉が卓也にTシャツを買った。

---

4 (1) 〈name+O+C〉「OをCと名づける」
(2) 「O₁にO₂を教える」は〈tell+O₁+O₂〉の形で表す。
the way to ~「~への行き方、道順」
(3) 〈make+O+C〉「OをCにする」

5 否定の命令文は〈Don't+動詞の原形~.〉の形で表す。「~してはいけません」という意味になる。

6 ア 3，4文目参照。ジェーンは2年前から看護師であるとわかるので誤り。

イ 6文目参照。I gave her a bag as a birthday present. とあるので正しい。as は「~として」という意味の前置詞。

ウ 7文目参照。「母とぼくは彼女にケーキも作りました」とあるので正しい。

エ 最後の文参照。ジェーンは驚いたのではなく、とてもうれしそうだったとわかるので誤り。

---

7 ・放送文・ *Kate:* Hi, Takuya. Your blue T-shirt is nice! You look cool.
Takuya: Thank you, Kate. My father bought me this T-shirt.

・放送文全訳・ ケイト：こんにちは、卓也。あなたの青いTシャツはすてきだね！ かっこよく見えるよ。
卓也 ：ありがとう、ケイト。父がこのTシャツをぼくに買ってくれたんだ。

要点 を確認しよう　p.30～31

攻略のカギ❶　比較級と最上級の文① ⑴ taller, than　⑵ the, longest

⑶ bigger[larger], than　⑷ the, hardest

攻略のカギ❷　比較級と最上級の文② ⑴ more, famous　⑵ most, slowly　⑶ most, popular

問題 を解こう　p.32～33

1 ⑴ 空所の直後に than があるので, 比較級の文。long の比較級は語尾に -er をつける。

⑵ 空所の前に the があり, 文の終わりに in Japan があるので, 最上級の文。

⑶ **注意** nice は e で終わる語なので, 比較級は -r をつける。

⑷ **注意** big は〈短母音＋子音字〉で終わる語なので, 子音字を重ねて -er, -est をつける。

　big ─ bigger ─ biggest

⑸ **注意** early は〈子音字 +y〉で終わる語なので, 比較級は y を i にかえて -er をつける。

　early ─ earlier ─ earliest

2 ☆**重要** 最上級の文で比べる範囲を表すときは, 〈in+ 場所や範囲を表す語句〉と〈of+ 数・all・複数を表す語句〉を使い分ける。

⑶ the three は「3 枚（の絵）」を表す。

3 ⑵ 「～ほど…ではありません」は〈not as＋原級＋as ～〉で表す。

⑷ hot は〈短母音＋子音字〉で終わる語なので, 比較級は子音字を重ねて -er をつける。

⑻ 2 つのものを比べて「A と B ではどちらのほうが好きですか」とたずねるときは, 〈Which do[does]＋主語＋like better, A or B?〉で表す。

---

1 次の文の＿＿に（ ）内の語を適する形にかえて書きなさい。　2点×5 (10点)

⑴ This bridge is ___longer___ than that one.　(long)

⑵ Mt. Fuji is the ___highest___ mountain in Japan.　(high)

⑶ Your watch is ___nicer___ than mine.　(nice)

⑷ This box is the ___biggest___ of all.　(big)

⑸ She gets up ___earlier___ than her mother.　(early)

2 次の文の＿＿に, of, in のうち適する語を書きなさい。　2点×4 (8点)

⑴ My father came home latest ___in___ my family.

⑵ He is the youngest ___of___ all.

⑶ That picture is the most famous ___of___ the three.

⑷ This park is the largest ___in___ our city.

3 日本文に合うように, ＿＿に適する語を書きなさい。　3点×9 (27点)

⑴ 私はクラスでいちばん速く走ることができます。

　I can run the ___fastest___ ___in___ my class.

⑵ この本はあの本ほどおもしろくありません。

　This book is ___not___ ___as___ interesting as that one.

⑶ あなたの絵が 5 枚の中でいちばん美しいです。

　Your picture is the ___most___ ___beautiful___ of the five.

⑷ 8 月は 9 月よりも暑いです。

　August is ___hotter___ ___than___ September.

⑸ ケビンは私の姉と同じくらいの身長です。

　Kevin is ___as___ ___tall___ as my sister.

⑹ 私はスキーがいちばん好きです。

　I like skiing ___the___ ___best___.

⑺ この車は私の父のものよりも高価です。

　This car is ___more___ ___expensive___ than my father's.

⑻ あなたは緑色と黄色ではどちらが好きですか。── 私は黄色のほうが好きです。

　___Which___ do you like better, green ___or___ yellow?

　─ I like yellow ___better___.

⑼ 私はあなたほどじょうずに歌えません。

　I ___can't[cannot]___ sing as ___well___ as you.

実力アップ！　比較級を使って「いちばん」を表す

主語が「いちばん」であることを, 比較級を使って表すこともできるよ。〈比較級＋ than any other ＋単数名詞〉の形で「ほかのどの～よりも…」という意味になるんだ。

例：Akira is taller than any other boy in this class.

　　明はこのクラスの中で, ほかのどの男子よりも背が高いです。

　　= Akira is the tallest boy in this class.

攻略のカギ❸ as 〜 as ... (1) as, as (2) not, as (3) doesn't, as

攻略のカギ❹ like 〜 better[the best] (1) better, than (2) the, best (3) Which, better
(4) the, best, the, best

---

4 次の文を( )内の指示にしたがって書きかえなさい。 5点×3 (15点)

(1) This temple is not as old as that one. （new を使って同じ内容の文に）
　　This temple is newer than that one.

(2) That movie is exciting. （「すべての中でいちばんわくわくします」という文に）
　　That movie is the most exciting of all.

(3) I like <u>tennis</u> the best. （下線部をたずねる疑問文に）
　　What sport[What] do you like the best?

5 絵を見て，それぞれの人物になったつもりで，次の質問に答えなさい。 5点×2 (10点)

(1) Which do you like better, cats or dogs?
　　(例) I like cats better.

(2) What subject do you like the best?
　　(例) I like science (the) best.

6 由香(Yuka)とマイク(Mike)が好きな食べ物について話しています。対話の内容と
合うものには〇を，異なるものには×を書きなさい。 6点×3 (18点)

Yuka: What food do you like the best, Mike?
何の食べ物がいちばん好き，マイク？
Mike: I like sushi the best. It's really delicious. How about you, Yuka?
ぼくはすしがいちばん好きだよ。　それはとてもおいしいんだ。　きみはどう，由香？
Yuka: I like sushi, too. But I like tempura better than sushi. My mother
私もすしが好きだよ。　でも私はすしよりてんぷらのほうが好き。　私のお母さん
cooks tempura very well.
はとてもじょうずにてんぷらを作るんだ。
Mike: Sounds nice! I want to cook it, too.
いいね！　ぼくもそれを作りたいね。

(1) マイクのいちばん好きな食べ物はすしである。 （ 〇 ）
(2) 由香の母がいちばん好きな食べ物はてんぷらである。 （ × ）
(3) マイクはじょうずにてんぷらを作ることができる。 （ × ）

7 音声を聞いて，内容に合う絵をア〜ウから選び，〇をつけなさい。 6点×2 (12点)

---

4 (1)「この寺はあの寺ほど古くない」
という文を「この寺はあの寺より
も新しい」という比較級の文に書
きかえる。

(2) exciting の最上級は，most を使
って the most exciting とする。
「すべての中で」は of all で表す。

(3)「何のスポーツ[何]がいちばん好
きですか」とたずねる文にする。

5 (1) 質問は「あなたはネコとイヌで
はどちらのほうが好きですか」と
いう意味。

(2) 質問は「あなたは何の教科がい
ちばん好きですか」という意味。
「私は〜がいちばん好きです」は
I like 〜 (the) best. で表す。こ
こでの the は省略できる。

6 (1) マイクの最初の発言参照。「す
しがいちばん好き」と答えている
ので正しい。

(2) 由香の母が好きな食べ物は対話
中に出てこないため，誤り。

(3) 由香の2番目の発言参照。てん
ぷらをじょうずに作ることができ
るのはマイクではなく，由香の母
であるとわかる。

---

7 **放送文** (1) The white dog is as big as the black one.
　　　　　 (2) Kumi is the tallest of the three.

・放送文全訳・ (1) 白いイヌは，黒いイヌと同じくらいの大きさです。
　　　　　　　 (2) 久美は3人の中でいちばん背が高いです。

要点 を確認しよう　p.34〜35

攻略のカギ❶　受け身の文　(1) is, cleaned　(2) was, cleaned　(3) will, be　(4) can, seen

攻略のカギ❷　受け身の否定文・疑問文　(1) is, used　(2) isn't, used　(3) Is, used, isn't

問題 を解こう　p.36〜37

1 (1) 継続を表す現在完了の文にする。study の過去分詞は，y を i にかえて -ed をつける。

(2) 受け身の文にする。〈be 動詞＋過去分詞〉で「〜される[された]」という意味を表す。

⚠注意 write は, write — wrote — written と不規則に変化する。

(3) 完了を表す現在完了の文。already は「すでに」という意味。

(5) 経験を表す現在完了の疑問文なので, see は過去分詞の seen にする。ever は「今までに」。

(6) ⚠注意 read は原形と過去形，過去分詞が同じ形。ただし，過去形，過去分詞の read の発音は [réd] となり，原形の [ríːd] とは異なるので注意。

2 (1) 受け身の疑問文に対する答え方は，be 動詞の文と同じ。

(4) How long 〜? は「どのくらいの間〜ですか」と期間をたずねる表現。

3 (1)「一度」は once。

(3) be 動詞の過去分詞は been。

(4) 疑問文での「もう」は yet を使って表す。

(7) ☆重要 助動詞を使った受け身は，〈助動詞＋be＋過去分詞〉の語順になる。

---

1 次の文の＿＿に（ ）内の語を適する形にかえて書きなさい。　2点×6 (12点)

(1) My brother has ___studied___ English for three years.　(study)

(2) This letter was ___written___ by Amy.　(write)

(3) He has already ___left___ home.　(leave)

(4) The bird was ___found___ in New Zealand.　(find)

(5) Have you ever ___seen___ a Japanese movie?　(see)

(6) She hasn't ___read___ that book yet.　(read)

2 次の対話が成り立つように，＿＿に適する語を書きなさい。　3点×4 (12点)

(1) A: Is this song known by many children?
　　B: Yes, ___it___ ___is___ .

(2) A: Has he practiced the piano yet?
　　B: No, ___he___ ___hasn't___ .

(3) A: Were those pictures taken by Takuya?
　　B: No, ___they___ ___weren't___ .

(4) A: How long have you used the bike?
　　B: ___I've___ used it ___since___ last year.

3 日本文に合うように，＿＿に適する語を書きなさい。　3点×7 (21点)

(1) 私は一度その山を登ったことがあります。
　 I have ___climbed___ the mountain ___once___ .

(2) ブラジルでは何語が話されていますか。
　 What language ___is___ ___spoken___ in Brazil?

(3) 1週間ずっと晴れていません。
　 It ___hasn't___ ___been___ sunny for a week.

(4) あなたはその知らせをもう聞きましたか。
　 Have you ___heard___ the news ___yet___ ?

(5) これらの小説は当時，日本では知られていませんでした。
　 These novels ___weren't___ ___known___ in Japan at that time.

(6) 彼女はちょうど朝食を食べたところです。
　 ___She's___ just ___eaten|had___ breakfast.

(7) この本は世界中で売られるでしょう。
　 This book ___will___ ___be___ sold all over the world.

実力アップ！　yet が表す意味

現在完了の文でよく使われる yet は，疑問文では「もう」，否定文では「まだ」と異なる意味を表すよ。

例： Have you seen him yet?　もう彼に会いましたか。

　　 I haven't seen him yet.　私はまだ彼に会っていません。

攻略のカギ❸　現在完了の3用法　(1) have, lived　(2) have, read　(3) have, arrived
(4) has, been　(5) We've, played

攻略のカギ❹　現在完了の否定文・疑問文　(1) have, never[not]　(2) Have, met[seen]
(3) hasn't, finished[done]　(4) Has, been, has, not　(5) have, never

---

4 次の文を(　)内の指示にしたがって書きかえなさい。　　　　6点×4 (24点)

(1) This cake was made by Yuta. （疑問文に）
　　Was this cake made by Yuta?

(2) I have already done my homework. （yet を使って否定文に）
　　I have not[haven't] done my homework yet.

(3) He has played the guitar for five years. （下線部をたずねる疑問文に）
　　How long has he played the guitar?

(4) We can see many flowers in the park. （下線部を主語にした受け身の文に）
　　Many flowers can be seen in the park.

5 📝 メモを見て, 由香になったつもりで, 自分のことを紹介する英文を書きなさい。
　　　　　　　　　　　　　　　　　　　　　　　　　　　　5点×2 (10点)

┌─────────────────┐
│ 自己紹介メモ（由香）│
│ (1) 奈良に10年間住んで│
│ 　　いる　　　　　　│
│ (2) オーストラリアに2回│
│ 　　行ったことがある │
└─────────────────┘

(1)　（例）I have[I've] lived in Nara for ten years.
(2)　（例）I have[I've] been to Australia twice.

6 📖 ビル(Bill)と亜矢(Aya)がみどり動物園(Midori Zoo)について話しています。あとの
問いに日本語や数字で答えなさい。　　　　　　　　　　　　　5点×3 (15点)

Bill: Midori Zoo is visited by a lot of people every day.
　　みどり動物園には毎日たくさんの人が訪れるよ。
Aya: Yes. We can see pandas there. They are cute and loved by everyone.
　　そうだね。私たちはそこでパンダを見ることができるよ。それらはかわいくてみんなに愛されているんだ。
Bill: I have been there three times but I haven't seen the pandas yet.
　　ぼくはそこに3回行ったことがあるけれど, まだパンダを見たことがないんだ。
Aya: Oh, then let's go together. They can be seen from ten in the morning.
　　ああ, じゃあいっしょに行こうよ。 パンダは午前10時から見られるよ。
Bill: Sounds good!
　　いいね！

(1) ビルはみどり動物園に何回行ったことがありますか。　　　　（ 3 ）回
(2) ビルがみどり動物園で見たことがない動物は何ですか。　　（　パンダ　）
(3) みどり動物園では, (2)の動物を何時から見ることができますか。　午前（ 10 ）時

7 🔊 音声を聞いて, 内容に合うように, 空所に適する英語を書きなさい。　　（6点）

Kevin's father　gave　a　watch　to Kevin.

---

4 (2) 現在完了の否定文は have[has]
のあとに not を置く。yet「まだ」
は文の終わりに置く。

(3) ☆重要　for five years「5年間」
という期間をたずねる疑問文にす
るので, How long で文を始める。

(4) 助動詞を使った受け身の文なの
で,〈助動詞 +be+ 過去分詞〉の
形にする。

5 (1)「ずっと～している」という継
続を表す現在完了の文にする。期
間は for を使って表す。

(2)「～へ行ったことがある」は
have[has] been to ～ で表す。
「2回」は twice。

6 (1)(2) ビルの2番目の発言参照。ビ
ルは「3回みどり動物園に行った
ことがあるが, まだパンダを見た
ことがない」と言っている。

(3) 亜矢の2番目の発言参照。「それ
ら(パンダ)は午前10時から見ら
れる」と言っている。

---

7 🔊 放送文　　*Rie:*　　Hi, Kevin. What's up? You look happy.

　　　　　　Kevin:　Hi, Rie. Look! This watch was given to me by my father.

　　　　　　Rie:　　Oh, it's nice.

・放送文全訳・　理恵　：こんにちは, ケビン。どうしたの？　うれしそうだね。
　　　　　　　ケビン：こんにちは, 理恵。見て！　この腕時計をお父さんからもらったんだ。
　　　　　　　理恵　：わあ, すてきだね。

8日間ふりかえりシート

このテキストで学習したことを，❶〜❸の順番でふりかえろう。

❶ 各単元の　問題を解こう　の得点をグラフにしてみよう。
❷ 得点をぬったらふりかえりコメントを書いて，復習が必要な単元は復習の予定を立てよう。
　　復習が終わったら，実際に復習した日を記入しよう。
❸ すべて終わったら，これから始まる受験に向けて，課題を整理しておこう。

❶ 得点を確認する

	学習日		0 10 20 30 40 50 60 70 80 90 100
1日目	/	be 動詞・一般動詞	
2日目	/	名詞・代名詞・疑問詞など	
3日目	/	進行形・未来を表す文	
4日目	/	助動詞	
5日目	/	不定詞・動名詞	
6日目	/	命令文・文構造	
7日目	/	比較	
8日目	/	受け身・現在完了	

0点 〜 50点　　51点 〜 75点　　76点 〜 100点
＼復習しよう！＼　＼もう少し！＼　＼合格◎＼

▶ 得点と課題

0点〜50点　復習しよう！　まだまだ得点アップできる単元です。「要点を確認しよう」を読むことで知識を再確認しましょう。確認ができたらもう一度「問題を解こう」に取り組んでみましょう。

51点〜75点　もう少し！　問題を解く力はあります。不得意な内容を集中的に学習することで，さらに実力がアップするでしょう。

76点〜100点　合格◎　問題がよく解けています。「要点を確認しよう」を読み返して，さらなる知識の定着を図りましょう。

❷ ふりかえる

ふりかえりコメント	復習予定日	復習日	点数	
	月　日	月　日	/100点	1日目
	月　日	月　日	/100点	2日目
	月　日	月　日	/100点	3日目
	月　日	月　日	/100点	4日目
	月　日	月　日	/100点	5日目
	月　日	月　日	/100点	6日目
	月　日	月　日	/100点	7日目
	月　日	月　日	/100点	8日目

❸ 受験に向けて，課題を整理する

受験勉強で意識すること

-
-
-
-

受験勉強では苦手を
つぶせるかが勝負！
何を頑張るか，
見える化しておこう！

ぼくは1日
10単語覚える！

1 0 9 8 7 6 5 4 3   * * D C B A